佐々木説法

なるほど

乾舟　佐々木の将人

本書は、季刊『合気ニュース』一一六号（一九九八年春）～一四二号、及び誌名変更後の季刊『道《どう》』一四三号～一六二号（二〇〇九年秋）に連載の「佐々木説法　なるほど」全四十七回をまとめたものである。

佐々木説法　なるほど　目次

目次

［一］神なる大自然の徳にならう

文武両道

近江聖人と称された江戸時代初期の儒者・中江藤樹（一六〇六〜一六四八）の「翁問答」の中の文武両道論に、「天地の造化は、一氣にして陰陽の区別ある如く、人性の感通は一徳にして文武の区別あれば、武なき文は真実の文にあらず、文なき武は真実の武にあらず」とあるように、この大自然の根元は「氣」にして、氣の働きが陰陽、すなわち電氣のプラス・マイナスの如く、この世の造化は、氣と陰陽の三位一体《さんみいったい》となっている。

地球は地軸を中心に回っているように、独り楽しむ「独楽《こま》」は、軸を中心に遠心と求心の三位一体となってフル回転しているその姿は、まさに静止している如く、「動中静、静中動」の天地の造化の命を具現している。

人間の本性たる霊性心は「徳」にして、文武両道を以って徳を具現化する。

徳と文武の三位一体が人間としての教育である。徳とは人の喜びを我が悦びとなす誠の心であり、禽獣とて母が子を育てる母ごころが天地の心である。

その誠の心なき目的は行き詰まり、社会を乱す。人間社会において、武なき文は道理を知るといえども屈する時あり、また文なき武は暴力となる。それゆえに戦前の武道では、人格なければ有段者となれず、初段は武器として警察に届けたのである。

人格が低ければ、知識があればある程、武術が強ければ強い程、知能犯、技能犯となって社会悪となる。

現実は学術、武術、そして芸術、話術、手術というように、仕事も教育も全て術をもって現わすが、そのウラに道なければ社会が乱れる。それ故に術は求めに行くと書き、道を求めることを求道者という。

我が色紙の「求道心」に、

術なき道は空論にして
道なき術は危険である

あたかも包丁なき料理はなく、道なき包丁は人を殺傷するように、教育の根本は徳性の涵養である。悪いと思ううしろめたい本心良心の心が人間の徳性であり、泥棒にもあるから顔を隠し、しのび足でくる。その心が罪悪感である。

知識なき幼児には罪悪感も善悪もない。教育はこの罪悪感の本心良心の煥発《かんぱつ》にある。罪悪感は人間性の問題、犯罪は法律問題で、裁判ではじめて犯罪人となるが、現に犯罪を犯しても、法律上無罪になることあり。かく思えば法治国家は〝野蛮国家〟であり、法を知らざれば生活できない社会は人間の住むところではない。二人よれば法《のり》あり。古来「殺人、傷害、窃盗」のみを罰する法三章こそ人間社会。肌の色は違っても血の色に変わりなし。言葉は違っても感情に変わりなし。また人間として差別なけれど、区別あり、男女、親子、上下、人種の区別あり。されば神なる大自然の誠の心の徳性を本とし、文を修め武を練る〝修文練武〟の文武両道の修行は、古今に通じて変わらざる人間としての道である。

武術から武道へ

自然に生きる禽獣は、食欲と性欲の本能で生き、進歩発達の歴史はない。

人は食と性の本能と、物欲と名誉欲があり、自然の法を知って物を作り、不可能を可能にする万物の霊長として、物質文明と神を知り、神と倶《とも》に思い神と倶に語り神と倶に行なう精神文化を創造し、文明文化の華の歴史伝統の上に生活する。

人の親に父母あり祖先あり、自然の親は父なる天と、母なる大地ありて祖は神なり。ゆえに人は敬神崇祖、親孝行が人の道にして、物も感謝していただく、動物は餌を食べる。

生あるものは必ず死し、形あるものは必ず壊れるは自然の道。人の道は死あるがゆえに、生を活きる。死生観に活き、物は壊れるがゆえに価値ありと大切にする所に人の道あり。

動物は食うか食われるかで生きるように、武術も生か死かの殺し合いである。

スポーツは勝つか負けるかの勝負で、同類同士の試し合いの〝試合〟である。野球とサッカーとの試合はないように、同じ者同士がルールに従って勘を磨き、頭脳明晰な心を養う。スポーツは、正々堂々と戦う精神の養成と不可能を可能にした自信、そして生涯の親友を得る三つの宝が内包されている道である。しかし勝負にこだわると道なく、共に仇視の仲となり、ひいては国を亡ぼす原因となる。

試合は最高の条件で最高を出すが、武術は最低の条件で最高を出す、殺し合いの死合で、同類異類に関係がない。食うか食われるかの殺し合いの動物といえども同類同士の殺し合いはない。それに対し人間は武術や戦争での同士の殺し合いは、最低の動物となる。

最低の条件で最高を出す武術の修行により、殺し合いから生かし合いの、つまり、最低の条件で最高の精神文化の道を求める道へと昇華した武人は、人の世の範として仰がれる師範となる。

ボスは金力と暴力、リーダーは人格者である。

死合から仕合へ、死合は生か死かの相剋ならば、夫婦は男と女の死合か、思えば他人であった女と結婚した途端、給料が盗られる。女ボウは泥ボウでもある。

洞察するに、この世の命はすべて相反する相対の結びにあり、互いに仕え合せの仕合の夫婦和合の結びにより命を育む。

宇宙真理の武道的表現の試合なき合気道の哲理は、刃物と砥石のごとく、ぶつかってぶつからず、争って争わざる水の浄の字のように、禊ぎ祓いの切磋琢磨の和の武道である。

強く逞しく迫力ある技を、美しくすべてを包む母のごとく受けて、無限の技を産む夫婦和合の武であって、技を作るのではなく産む、武産《たけむす》、武の道である。

知識、見識、胆識

武道は礼に始まり礼に終わる。

その礼ひとつにも、知識、見識、胆識が内包され、武道の極意でもある〝姿勢と間合〟から隙なく美しい動きと、生き生きとした生命の躍動を感ずる。

まず相手を見て判断するは知識であり、礼の動きに入ったら、相手を見ず体全体の毛穴で見るを見識、すなわち氣配を毛配ともいうように体の皮膚を目として感性で見る。そしてすべてを肚に納めて、相手の心を読む胆識である。

また坐とは土の上に人が二人と書く。すなわち坐とは自己の中に秘められている、もう一人の自己を悟る行である。そのもう一人の永遠の真武を悟るのが武道でもあり、永遠の自己を悟った人物こそ、胆識の人物で、何事にも虚心平氣、泰然自若としている。

武道家は古今の書を繙《ひもと》き大いなる知識と洗練された武術の技を磨き、胆識を練る。

武道の稽古でいかに強くとも、いざ鎌倉のその時に、胆力の胆識なければ物の役に立たない。男は度胸、女は愛嬌で常日頃この度胸の胆識を鍛える修行が必要であり、礼のみならず、すべての技がこの知識と見識、そして胆識を総合した稽古をしなければならない。

事の大小に拘わらず、何かあるのが人生、それを一つ一つ知識と見識そして胆識で解決してゆくのが人生である。

師は死と志と詩を

師とは死と志と詩を教え給う。

〝武士道とは死ぬことと見つけたり〟は葉隠れの一節であるが、私は〝武士道とは明日死ぬことと見つけたり〟と明日を入れ、人は明日死ぬという次元に立ち、今日一日、今日一日を価値高く生きて生きて生きぬく。

人は、この世に生を受けた者は、必ず時来れば死ぬ。その死に至るまでの間、志をもって生き、その生き様が詩であり、芸術である。〝夢あらば人生あり、夢あれば青春ある〟夢とは志であり欲である。

宗教では〝捨欲〟というが欲を捨てるのも欲であるように、ヨクヨク考えると欲は捨てられない。欲あるがゆえに人は進歩発達の歴史を創造する。生活の基本の衣食住の欲、強くなりたい美しくなりたいという欲は神の心でもある。欲は磨くもので、使われると迷いとなる。夢なき若者は若年寄りか、迫力なく鼻紙に小便の人が多い。

地位や名誉に財産、金欲も悪いとはいわない。しかし人の夢と書く〝儚《はかな》い〟は道なき人の夢で、死に際してすべて置いて逝くものである。

誠の志は、大自然なる神の心を心として、動植物と共存共栄の八紘一宇、地球一家のための使命を悟ることである。

科学が進歩しても生きた虫一匹、木の葉一枚作れない。その生命の維持機構の摂理は驚嘆の一語であるのを知らず、科学の美名に眩惑され、神の分霊の徳性が隠れて、万《よろず》の災いが生じ多くの悲劇をもたらし、かつ地球生命も危機にある。地球を救うは一人一人の人間性の心のめざめである。

[二] 戦略と戦術

戦略は一つであり、戦術は無限である。

合氣道は一つであり、合氣術は無限である。


〝明るくなければ合氣道じゃない〟


合氣道は道であり、道は光がなければ見えない。

道を歩くには、物があったら歩きにくい。その物を片付けて歩きやすくするのは、口と手と足であるから手段という。口と手足が戦術で、あの手、この手の技、術がある。

戦略の合氣道は〝光〟であり、戦術の合氣術は片付けであるから〝禊ぎ祓い〟と言うのもそこにある。

人間の体もさることながら、二本の手足があっても邪魔にならないように、片付けとはあっても邪魔にならないように整理整頓をすることである。

迷いと悩み

迷いとは道に迷うことであり、悩みとは思うようにゆかないことである。

〝二兎追う者は一兎をも得ず〟

戦略の道は一つでなければ道に迷う。

戦術の技がうまくゆかないから悩み苦しむが、この悩みは悟りに入る門であり、苦の後は楽の「苦楽」との言葉があるように、一つの道の目的のために何度も何度も術を繰り返していると必ず目的は成就する。

例えば、車の運転免許を取るという戦略があって何度も何度も練習し、悩み苦しんで免許を取る。運転を知っていると、できるとでは雲泥の差であるように技術は骨身にしみるように体で覚える。即ち〝骨を知る。骨を覚る〟と言うように、骨が知ってはじめて運転ができるのである。

それ故に骨が豊かに知るから〝體（体）〟という字がある。

一本の線は点の集まりであるが、点を集めても線にならない。戦略の目的を一つにして方向性を決めると即座に線になる。

古来、日本は六歳の六月六日は稽古始めとし、読み書きソロバンや武道や舞踊等の稽古事を身につけさせるために、師匠の所へ弟子入りさせた。

「男女七歳にして席を同じうせず」との格言のように、六歳ともなれば人間として目覚める。それ故に六歳の六月六日は無、無、無の無意識の意識に、人間としての行動を身につけさせる大切な年頃としての語路あわせである。

弟子入りとは、自分の子の躾は親子の情がからみあってむずかしい。そこで他人である学兄や大兄の上の人に頼むことから弟の子の弟子という。

また「三年稽古するよりも、三年師匠を探せ」というように、師の影響は大である。

例えば、合氣道は一つであるが、術を教える師範は多い。合氣道を選ぶのは戦略であり、師範を探すのは戦術である。

何事もお手本が大切、人の範となる師範の人格の良し悪し、暴力や金力、はたまた権力で百人集めるのはやさしいが、心より尊敬して百人集まるのはむずかしい。

頭脳とコンピューター

コンピューターは、人間の頭脳の研究から生まれた。

神の創造のコンピューターは人か、「ひと」の〝ひ〟は〝一《ひ》〟で一二三四五六七八九で十《と》は〝〇〟。

人は一〇《ひと》、有と無し、体と心でもある。

コンピューターも有無の一と〇である。

そのコンピューターに、一番長いものを出せと指令すると、即座に答えを出すが、長短どちらでもいいと指令すると、〝ググ、ググ〟と迷う。

人間の頭脳も一つの目的の戦略を決定すると、戦術の口と手足は、その方向性に向かって働き始める。

戦術は、必ず戦略に従属しなければならない。戦略なき戦術は烏合の衆となり、戦略に従わぬ者は排除しなければならない。

合氣道は、天地の結びの宇宙真理の武道的表現たる受けと投げの結びのところに、争って争わない、「浄《きよめ》」の試合なき和の武道、が戦略である。

刃物は砥石で磨かれるように、ぶつかってぶつからないところに、切磋琢磨の磨き合いの無限の技の合氣術が戦術である。

合氣道は、合氣道開祖・植芝盛平翁が「合氣道を以って人類和合を求めた」との心が戦略として裏打ちされているが故に、合氣術は和の行動哲学として世界から高く評価されているのである。

また、企業においても、企業戦略の一つを設定し、その目的に対して全員が意識統一して、はじめて一人ひとりの戦術がその方向性に向かって動くことによって発展する。

明るくなければ人生じゃない　〝笑え〟

〝知るといえども行なわざれば
　知らざるに等し〟

頭脳は考えるだけで仕事はしない。仕事は口と手と足、なかでも手は頭脳の出張所で、手仕事という。その人間のコンピューターである頭脳の使い方を知らないと金庫の鍵を忘れ途方にくれている人のように宝の持ち腐れとなる。

人間の脳細胞は一四〇億あってその一つひとつの脳細胞は中心の核から十数本の脳神経が、人間の手のひらを広げたように出ており、手のひらが手首から腕によって体に繋がっているように、一つの神経突起が末梢神経に繋がっていて、末端の口や手足が動く。その一つひとつが一四〇億の他の脳神経と繋がりあって、外からの刺戟の情報を伝え合い反応して行動する。

〝三人寄れば文殊の知恵〟

それが三人どころか一四〇億が一つの刺戟に対してπ乗に反応し、その相乗作用から人間の脳は無限の可能性を秘め、人間のみが物を作り不可能を可能にする万物の霊長と言われるのである。

コンピューターで前述したように、ここで大切なのは、戦略の目的は一つでなければならない。

生活の〝活〟は刺戟の〝喝〟、命は人を一つ叩くと書くように刺戟がないと脳は死滅して痴呆症となる。あたかも車が低速で走るとオーバーヒートすると同じである。

〝神はその人に、
その人が必要なものを与え給う〟

病いも貧乏も、また悩みも刺戟であり、貧乏を治さず、貧乏で自分を直す、病いを治さず病いで自分を直す心のもち方が明るい心である。悩みも取越苦労か消極的観念のいずれかと思うと、解決する。

頭を豆の頁と書くように頭脳は蛋白質でできており、蛋白質は光の刺戟に反応する。

〝飛んで火に入る夏の虫〟

蛋白の蛋は、一匹（疋）の虫、白は光であるから、虫は光に、人は明るい日の明日に希望と夢を求めて生きる。

老木の桜の花も、若木の桜の花も花は同じであるのに氣がつき、「樹老花不老」と詩を作り、独り吟じた。

偶成　　乾舟

人生短く、霊魂永遠《とわ》なり
樹老、花は老《お》えず、人また夢あり
宇宙を屋根に　大地を住まいに
我れは往くなり、乾坤悠久の道

我が愚作であるが、体に老あれど、心には労なし

〝夢あらば人生あり〟
〝夢あれば青春ある〟

蛋白質の脳は、光の刺戟で活性化し、暗い陰気な心になると脳細胞は停滞する。

〝太陽の入らぬ家に医者が入り
　光なき心には悪霊が入る〟

笑いは光であり、笑顔は脳を明るくする。

人生は心一つの置き処

心は第三の目の〝額〟にあり、額は金額の額で、金カンジョウも心のカンジョウも額であって尻ではない。

尻はケツ算、帳尻というから金に関係はあるが、直接は〝額〟である。左右同時に見られないように、何事もプラスに思うか、マイナスに思うかのどちらかである。屁は尻から出るのを、口から〝フヘイ〟

を吐いて口害を撒き散らし、社会を陰気にする。

何かあるのが人生で、幸も不幸も心一つの置き処である。成功者の八十パーセントは心が明るく、生きている以上は失敗でなく体験であると、プラス思考で生きている。

このような人にはまた明るい人たちが集まる、類は類を呼ぶ「縁尋機妙《えんじんきみょう》」。凡人の言葉では「花には蝶、糞に銀蝿」とは見事な匂いのある言葉、まさに美しいものは美しい所に置かれ、汚いものは捨てられる。

目耳舌鼻に皮膚の五感は、外の情報を感ずるから情感である。その情感を下から読むと〝感情〟というように、額の心は感情である。その感情をプラス思考にすると、明るい刺戟となって脳細胞が活性化し、運命が拓く。

心と体は運命を拓く道具であり、心は戦略で一つの志によって、方向性が決定し、口と手足は働き何事も成就する。

心には活学を、体には正食を!

キリスト曰く、心はプラス思考、アーメンと十字、そして食こそ生命、〝クイアラタメヨ〟と、明るくなければ合氣じゃない。笑え! 呵々大笑。

[三] この大自然は中心の安定にある

中心

大宇宙が大爆発したビッグ・バン以来、小は原子から大は大宇宙まで、全て中心があって安定し、それがより大きな中心に統一され、一糸乱れぬ統制と運行を続けているのが、この宇宙であるは厳然たる事実である。

人間の一四〇億の脳細胞も一つ一つに中心があり、そして七十兆のからだの細胞も中心があって、人間の中心の臍に統一されている。

家庭は父を頭に、母を中心に生活し、会社は社長を中心に、日本は天皇を中心にと、より大きな中心に統一されている。

そして地球上の動植物は、万有引力によって地球の中心に結ばれ、太陽系の惑星は太陽を中心に一糸乱れぬ統制と運行を続けている。

過ぎし修行中、山中に坐し無数の星が輝く広大無辺にして神韻《しんいん》縹渺《ひょうびょう》たる大宇宙を眺めながら、銀河系の上に宇宙がその上にまた宇宙がと、心は宇宙にあそび〝我とは何ぞや〟と暫し内観して中心を知る。

中心は母ごころ

この世の命は全て陰陽の結びにして、人のみならず禽獣に至るまで、母より生まれ母に育てられる。母ごころは神ごころで、子供の喜びを我が悦びとなす〝誠〟の心である。

目に見えぬ　神の心ぞ母ごころ
　命捧げて　悔いも残さず　（乾舟）

で母ごころは偉大である。

その神なる宇宙生命との繋がりが、中心の臍であり、臍の緒が母の、そのまた母のと、悠久の母との結びの緒であり、赤ん坊が教えもせず母乳を吸う如く臍には遺伝子が内在している。

中心は台風の目の如く〝空にして渦〟なりと、滝行の時臍下丹田の前で〝の〟の字に回転する独楽を感じ、古来日本では佐々木の将人と姓名に〝の〟を入れて呼ぶ深い深い文化を知った。

〝の〟を入れると、悠久の祖先を背負う〝恥と誇り〟に生きる。

年齢もビッグ・バン始まって以来、地球誕生の四十五億年と何歳である。

何げなく使っている何々会社の誰々という日本文化。「貴様それでも日本人か！」といわれた時の〝恥〟。日本は恥の文化である。

柳生流の道教に

今と言うまに、今はなし

まの字きたれば、いの字すぎゆく

とあるように、〝の〟とは悠久の過去と永遠の未来の真中の今、今、今の「ま」が現在只今の一瞬一瞬の「ま」の連続である。

日本の思想の「中今」であり、国の中心の天皇は「今上陛下」であり、一人一人の臍下丹田である。

武士の裃の姿であり、道衣の帯を結ぶ所でもある。

中心の「の」の心は、誠の母ごころであり武士道の「恥と誇り」の精神である。

中心は権威

昭和二十年八月十五日、日本は未曾有の敗戦となった。

そのとき最大の問題は〝国体の護持〟であった。

国体護持とは、中心の天皇を護れるかどうかである。

日本は国でなく、天皇、皇后を国の父母とした家族国家である。

前述したように、大にしては宇宙、小にしては原子の如く〝中心をたて、分を明らかにして中心に結ぶ〟宇宙構図が日本の国体である。

菊のご紋が地球の構図であり、中心の天皇の心は、空にして無私の誠の心であり慈悲仁愛の母ごころでもある。

国民がそれぞれの分を明らかにして、中心に結ぶ〝中心帰一〟、人体で言うならば、頭は頭とし、手足は手足としての使命の分を明らかにして、中心の臍に帰一するのが生命体であり国体である。

日本は悠久の神代時代から、紀元の節を定めし神武天皇から数えて三千年、万世一系の天皇を中心に、歴史伝統、文化に言語を一つにして連綿と継承してきた、世界に類例のない一民族国家である。

人体とは心と体そして魂の三要素があるように、国家の三要素は、国土、国民、そして政治権力である。

しかし人体も国体も、悠久に流れる精神がなければ、人であっても人間でなく、国であっても国家ではない。

精神に神という字があるように、臍は宇宙生命と繋がっている神ごころが内在する。

家に家訓あり、会社に社訓あり、学校に建学の精神あるように、日本は「国を肇《はじ》むること宏遠に徳をたつること深厚なる」威厳ある肇国の精神の道の伝統を基に、修理固成《しゅうりこせい》の国創りをしてきた道義国家である。

それ故に、かのラフカディオ・ハーンが美しい神の国日本、義理人情の国日本、恥の文化武士道の国日本と讃美し、小泉八雲となって帰化した。

中心の権威なき国も会社も家庭も、権力と権利で争う。

人体と国体

古来、日本は国が乱れると必ず「国体の明徴《めいちょう》」が叫ばれる。

国体は人体と同じで、頭脳がいろいろと考えるように、頭脳は国会でいろいろな政党や思想があって審議し、日本として行くべき道を一つに決定する。

顔は政府で、国会で決定した一つを行なう行政である。

政府は権力の座であるのに、連立内閣の如き顔は、男か女か分からぬ人の顔である。

手は手仕事で生産であり、生産なき富は罪悪である。

魚市場は金で魚を買う社会生活であるが、金で金を売買いする為替市場は、生産なき賭博場であり、今や投資家による罠で世界を混乱させている。

況《いわ》んや日本政府が、競馬、競輪に宝クジにサッカークジまで認めるは、国民の道義心を損なう。

また環境破壊の生産も罪悪、車は急に止まらないように、防衛産業は戦争を必要とする体質、大量生産の文明は大量消費に大量廃棄の体質から地球生命の破壊となる。

文化のための文明である。

足は輸送で、道路や鉄道の流通網、車の渋滞は体の重体、足腰弱ければ国体の老化。

血液は金で、血のめぐりが悪いと不景気、血液銀行を通じて輸血する。多すぎるとインフレ、公定歩合で調節する。

神経は法律で、古来殺人、傷害、窃盗のみを罰する〝法三章〟が文化国家である。

犯罪は法律上の問題、罪悪感は人間の道義心の問題、悪をなしても法律に抵触しなければよいという罪悪感なき無神経の世は、悪と法との〝鼬《いたち》ごっこ〟の悪循環で、法を知らざると生活出来ない法治国家は野蛮国家なり。

それ故に民族の興亡は、一にかかって教育にあるは世界の鉄則である。

人は教育される動物で智恵ある故に万物の霊長なれど、智恵ある故に人を殺すは動物以下となる。

悪者を腹黒い人と言うように、腹は国民で国家では同胞《はらから》と言い、内臓の国民の心が腐ったら国家の滅亡となる。

人から人間になる教育が国の本である。

その人間の〝間〟の臍は、永遠の祖先が凝集されている所であり、日本では万世一系の天皇、臍下丹田は個人では「中今」、日本では「今上陛下」の玉座である。

守りと護り

〝お守り〟と言うように、人は神仏に護られて生かされている。

そして人は五分として止められない空気によって隙間なく包まれ守られている。

空気は神仏にして、生あるものは必ず死す如く、死によって宇宙大元霊の気に帰る。

呼吸とは〝呼べば答える〟ことで、無意識の呼吸で守られているが、意識的に感謝して念ずることを呼吸法と言う。

また呼吸は出せば入る字で、力を出すと力が残り、声を出すとよりよい声が、智恵を出すと智恵が残るは大自然の法である。

合氣道の呼吸法にのみ〝法〟の名があり、そこに深い宇宙真理がある。

前述した〝国体護持〟のように、護りは〝中心を護る〟ことである。

個にしては臍、家庭では母、街では神社に母校に母国、そして母なる大地の地球を護ることである。

この大自然は一瞬の止まりもなく日々新たにして日々新たなる時を刻み、清浄への変化と千変万化の生命を生み育て給う。

この大自然は中心の安定にある。

　中心を悟り護れば　神々に
　　自由自在が許されるなり　（乾舟）

〝決断は己れを捨てるにあり〟護国の鬼となった靖国の英霊の如く、中心を護るのみで心も体も磨くことで守るのではない、二度とない人生〝文武両道で心身を鍛え磨き〟〝ど根性〟を叩きあげると神は全能の力を注ぎかける。

命とは人を一つ叩くと書く。叩かれてこそ自己にめざめる。

〔四〕人生の目的は品性にあり

学問も武道もまた茶道や華道に書道の稽古事は、すべて品性を高めるための修行である。

品性とは〝美しさ〟である。

「仲良きことは　美しきかな」（武者小路実篤）というように、互いに尽くし合う。尽くす尽くすの言霊から、美しいという。

美は力にして、心から出る美しさで、作られた綺麗ではない。

また無人島で化粧する人はいないように、化粧も服装も他人に良い感じを与えるためである。と同時に、服装の乱れは心の乱れで、化粧や服装によって自己自身の心が磨かれる。

〝躾《しつけ》〟という字が示すように、身を美しくする躾を〝身嗜み〟といい、容姿、服装、そして言葉遣いに態度を、常々心がけて美しい品性を身につけるのである。

「心にも無いことを言いました」というが然《さ》に非《あら》ず、心にあるから言うのであるように、無意識の意識の日常の生活の立ち振る舞いや会話は、躾によって身についた結果である。

書道のお手本には、愛とか平和、親孝行の手本があるが、殺せ！という手本がないように、良い言葉の文字を何度も何度も練習することによって、潜在意識に記憶されて品性が高められる。

かくの如く人間形成の稽古事の日本文化の深さはここにある。

春夏秋冬を描く大自然は芸術家である。

それをより芸術にするのは、人間である。

それ故に、宇宙を描けなければ芸術ではない。鳥を描いても鳥の囀《さえず》る声が聞こえるように、一枚の葉を描いても宇宙一ぱいの生命の躍動を、山や石は鼓動が感ぜられるのが名画である。

武道は武芸というように芸術であり、合氣道は動く禅にして舞いでもある。

しかもこの世の生命は天地陰陽の結びによるように、受けと投げの結びの武道で、互いに相手を思い、美しく投げ美しく受けることから、自ずから和の心が養われる。

また〝技は心なり〟で、その人の性格が技に表現《あらわ》れる。

古来〝習慣は第二の天性〟というように、日常の生活習慣が教育上最も大切であるが、それに氣づかせてくれるのが稽古事である。

人間だけに言葉による会話があるが、それ以外に〝手話と体話〟がある。

能や舞踊の動きは体で表す〝体話〟である。

その動きの体話に、より深き宇宙生命を感じさせるのが〝振りつけ〟で、振りから振りの流れの〝序破急〟の美しさが芸道の基本である。

舞いの「序破急」に対し、武道は「守破離」であり、振りつけは姿勢と間合である。

試合なき合氣道は、〝和の体話〟であり、振りつけの姿勢と間合による技の形を直すことによって性格を直す哲理がある。

〝武は神にして経綸を司どる〟

神武一道の武道は、武術を以って悪を懲らし、社会を糺《ただ》し、国家の品性を高める。

あそび

週に二度くらいの稽古事は「神あそび」である。

和歌や俳句は「歌あそび」、舞踊は「芸あそび」で、宇宙と一体感になる神あそびが芸道である。

神あそびの芸道は、基本を何度も何度も稽古して身につけ、その深さの神の理の神理を悟る。

神理は真理にして昔も今も変わることなく最も古くして常に新しい。それは太陽の如く最も古くして常に新しく、今を照らすことを「稽古照今」という。

朝、太陽が昇り、夕日は沈み、一日が二十四時間にして、一日に一度の眠り、一生に一度の永眠を神は公平に与え、生活も飲んで食って垂れて寝て起きての同じ事のくりかえしで、昔も今も変わることなき神理は深い深理である。

結婚もまた変わることなき最も古くして新しい問題であるように、めまぐるしく変化する物質文明の流れの中で、ふと立ち止まって〝神あそび〟の文化を学び、永遠の自己を悟るのが稽古事である。

車のハンドルにも〝あそび〟があり、あそびがありすぎても、なくとも危険であるように、あくせくと金を追う守銭奴や、何ものかに追われてイライラしてノイローゼになる人は〝あそび〟のない人生道のハンドルであり、逆に仕事もせず、酒に女にギャンブルと、あそび呆けている人は人生道を過つ。

あそびがないのも、あそびがあり過ぎるのも、人間として品性がない。

〝ま〟について

日本文化は〝ま〟の文化ともいう。

〝ま〟はあそびであり、機械の歯車の如く、歯車と歯車に丁度よい〝ま〟があって歯車は回転する。

人と人との噛み合わせの人と人との間が人間であり、友達を仲間という。

人間の骨と骨の間を〝間節〟といい、住宅に床の間あり、何々の間があり、その間仕切りはふすまといい、時間と空間に間があり、その時間に〝ひま〟あり、〝まもなく〟に、〝まだまがあり〟に、〝知らぬまに〟と、それに、〝まがいい〟〝まが悪い〟等々、間の世の中を世間というが如し。

間はま心であり、永遠の自己の人間の間である。

武道の極意の姿勢と間合の間とは、間に合う間であるように、会話や芸道の落語や講談も間の取り方である。活字も行間の取り方に本作りの品性となり読みやすくなる。

これ以上の〝ま〟の話はまがのび、まぬけとなり、まずくなる。

黄金率

黄金率とは、七十八対二十二である。
空氣は窒素が七十八で、酸素が二十二、
地球は海が七十八で、陸が二十二、
人間は水が七十八で、骨肉が二十二、
胴体が七十八で、頭と手足が二十二、
頭は名誉欲が七十八で、物欲が二十二は男、
女は物欲が七十八で、名誉欲が二十二、
体は性欲が七十八で、食欲が二十二は男、
女は食欲が七十八で、性欲が二十二である。
貧乏人が七十八で、金持ちが二十二、
金を貸したい人が七十八で、借りたい人が二十二である。反対ならば銀行がつぶれる。
人という字も七十八対二十二である。
昼は七十八で、夜は二十二、
部屋は七十八で、床の間が二十二、
の如く、まさに黄金の比率は品性のある美しさである。
道の場の道場も正方形は使いにくい。長方形にして、長いほうに床の間があるのが品性のある場と

なる。

七十八対二十二の、二十二の七十八対二十二、またその二十二の七十八対二十二としてゆくと、自然の渦貝の如く、螺旋状に渦を巻く。五十対五十では、生命のゆらぎがない。スイッチのサーモスタットも、黄金の比率か、趣味の稽古事も一週間に、二、三度は二十二か、自然の美はこの黄金の比率にあり。

会社組織もこの比率にあり。商売のコツも、男と女の欲望の比率を考慮してやると発展する。

一日の生活も避けて通られぬ食事に後始末、それに掃除、洗濯、整理整頓の小事が七十八パーセントである。

小事をなすものは大事をなす。小事を雑務と思うか、そこに真理を悟るかで、まさに凡事徹底、毎日やらねばならぬ平凡な凡事に宇宙真理がある。

飲んで食って垂れて寝て起きて呼吸しているだけで、生きているこの不思議な神理を悟ることである。

空氣も水も、またご飯も、色もなく味もないから飽きない。空氣に匂いがあったら危険であり、味や色のある水は飽きる。赤飯やまぜご飯も飽きる。

毎日寝ても飽きず、毎日お世話になる一人満員のお手洗いとて、狭く臭く、しかも見晴らしも悪いのにゆかねばならぬ。

飛行機や新幹線に神棚や床の間はないが、お手洗いがあるように、生活の基本である。

武道の基本も二十二で、古来段取り八分お祭り二分というのも七十八対二十二で、結婚披露宴も二時間であるが、それまでの計画の段取りは七十八パーセントである。

失敗を恐れたら何もできない。失敗を恐れるなかれ。失敗は人生の体験であり、保証の七十八、そして成功は二十二である。

接木《つぎき》人生

現在とは過去の総計にして未来を孕《はら》む。我とは何ぞや、それはすべて親や環境、そして師や友や本で学んだことで自分のものはひとつもない。すべて継承的歴史で、師や友や本によって接木された自分である。

それ故に良師良友良本を選べという。

宇宙生命に繋がる神あそびの稽古事は第一義的生き方をお教え給い品性を養う。

あたかも電車に乗ると外の風景が次から次と変われども、車中は動かず、本も読めるように、どっかりと変わらぬ自己自身の間に生きる。

人の世は、善きも悪しきも接木なり
笑顔のこころ、神に通ずる　（乾舟）

［五］法則

氣と金

宇宙は氣を中心に動き、人間社会は金を中心に動いている。

人間の最大の発見は〝氣〟の発見であり、最大の発明は〝金〟の発明である。

氣の発見により物質文明が進歩発達し、金の発明によって経済が円滑になって豊かな社会生活となった。

氣も金も根元的なエネルギーであるが、飲めない食えない着れない。

氣も金も〝法〟、即ち水が去ると書く法で、止まると腐る。あくまでも氣を揉んだり、金を揉んだりすることなく、常に氣を使い、金を使って動かすのが〝法〟である。

氣は宇宙を統轄する神か仏かアーラの神か、呼び名は違っても絶対的力のある〝見えざる実在〟の宇宙霊ともいうべき神の発行によるものである。

一方、金は国民を統治する国家権力の発行によるもので、金の後ろには国家の力が裏打ちされているから金に力がある。

金さえあれば何でも出来、何でも手に入るように、国家とは金であるといっても過言ではない。それ故に偽札作りは罪悪であり、また国家の善し悪しがその国の金の信用の強弱となる。故に、世界統一も共通の金の発行によって可能になる。問題は金の発行権力者に誰がなるかである。

氣と金は無情

苦労に苦労して自分のものにした金だから別れが悲しいと涙を流しながら去れば可愛いが、去る時に無情で、後ろも振り向かずに出ていく。

そして千円は千円、一万円は一万円の力で多くも少なくもならず、使う人の心によって金に名前がつく。

酒代や米代、または博打代とは名付け親が悪い。人の心に火を点もす『合気ニュース』代は最高の名前であるとは、声なき金の声である。〝呵々！〟

氣も無情である証拠は、いい加減で生きている人が幸せで、真面目で人が善いほうが不幸が多いのを思うと、この世は神も仏もあるものかと思う。

氣は止まると腐るように、病は氣の止《とど》まりで、氣の道は、神の道〝神経〟で、神経は人の心によって狭くなったり広くなったりし、時には気絶からショック死となる。心の持ち方によって氣の流れが多くなったり少なくなったりする。

真面目で人の善い人は、とかく〝もし〟が多く、「もし怪我したら」「もし金がなくなったら」「もし病気になったら」と消極的な心から氣の流れが悪く不幸となる。

それに対し、心の明るい人は「失敗を恐《こわ》がっていたら何も出来ない。生きている以上は失敗でなく体験だ！」と積極的であるから、エネルギーの氣がより多く流れて運命が好転する。

呼吸法

「人は息をしていても呼吸をしていない」とは、医学博士の塩谷信男先生の言葉である。

先生は明治三十五年生まれで、すでに九十六歳、自らの体験から創始した「正心調息法」を実践し、矍鑠《かくしゃく》としてゴルフに山登りにと意気軒昂である。

「正心調息法」の正心、即ち正しい心の使い方として、日常次の三つについて実践するようすすめられている。

一、物事をすべて前向きに考える
二、感謝の心を忘れない
三、愚痴をこぼさない

そして調息法の腹式呼吸法は、
姿勢を真直ぐにして胸をはると、空気が自然に入る。息を吐き出したところで〝フッ〟と息を出すと肛門が締まる。次に空気を鼻から額に向かって胸いっぱいに吸い、息を止め、肩をおろし肛門を締め、下腹部（臍下丹田）に力を入れて息をおしこみ、約十秒間息を止めた後吐き出す。これを約二十五回繰り返す。

さて、この十秒間の間、自分がやりたいことを具体的に思うと、これが必ず出来るのが宇宙法則であるという。

病気の人は「病気が治って、さっそうとしている自分の姿を想う」と健康になる。こうありたいと願う願望ではなく、あくまでも「病気が治った」「家が建った」という具体的なことを想像し、断定することが大切であるという。

二十五回の呼吸法の後は、静かに普通の呼吸をする。静息の無念無想の境地もよし、断定した姿を想念するもよしの約十回位、そして静息の時に〝大断言〟。

宇宙の無限の力が凝り凝って
真《まこと》の大和《だいわ》の、み世が生り成った

と言いながら世界が平和に満ちているさまを思い浮かべながら、強く十回念じることをすすめている。

この正心調息法は、個人の健康と運命を拓くばかりではなく、大断言の想念が世界の平和にまでなるというように、宇宙の法則を世に広められておられる。

思いは植物にも通ずることは、すでに科学的にも波動で知られているように、宇宙法則は人の想念の鋳型通りになる。鋳型は願望でなくできた具体的な型でなければならない。

私と塩谷信男先生とは、私がかつてパリで行なった人から人間になる「人間性回復」の神道教授としての行法の一つの〃呼吸法〃（今でも合氣道の稽古の最初にやっている）と先生の調息法が非常に似ているとのことから、塩谷先生と共に一時間ずつ講演を受け持ったことから始まり、また出身地が同じ山形県で同郷のよしみもあって、親しくしていただいている。

もちろん今は、塩谷式「正心調息法」を合氣道や講演でやっているが、調息法の断定暗示の想念によって多くの人が救われている。

くわしくは塩谷先生の『自在力』（サンマーク出版）をお読みください。

申すまでもなく、酒を飲めば酔い、毒を飲めば死ぬは宇宙の法則である。

生きる上で空氣のみは五分として止めることはできない。

息とは自然の心と書く。大自然の心が隙間なく守り給い、出せば入れてやるの字の呼吸、出す力がない人は、息を引きとるというように、出す呼が大切であり、呼は呼ぶことで、空氣は神仏や亡くなった祖先か。呼べば答えるの字が呼吸法である。

合氣道で〃法〃のつくのは「呼吸法」だけであり、開祖は時々「合氣とは呼吸法じゃ！」と言われたように、空の中に氣が内在している〃空氣〃であり、日常の生活でも、あの人と呼吸が合う、合わないと使っている。

まさに塩谷先生の大断言に、宇宙の無限の氣の力が凝り凝っての言葉を思うに、我れとは神仏や親の思いが凝り凝って自分がいるのである。

人は肩書きに弱い、よく人から「大学は」と聞かれた時、「東大」と言うとサッと全員私の顔を見る。すかさず「出たかった」と言って笑わせるが。

武道家とは社会的に低くみられているのか、会議の後の記念講演には武道家ということで半分になる時があるほど人は肩書きで評価する。

いずれにしても、この呼吸法は東大卒の医学博士、塩谷信男先生が霊的、学問的、医学的に証明した宇宙法則であるから、信じて実践していただきたい。

宇宙法則は出し合い

合氣道に引く技はなく、受けと投げの約束で、互いに出し合いで、ぶつかってぶつからないところ、争って争わないところに、切磋琢磨の和がある。

そこに宇宙法則の武道的表現といわれる所以である。まさに結婚と同じである。

とすると、〝万有引力〟は間違いではないだろうかと思う。

すべての物体の間に作用する引力の大きさは、質量の積に比例し、距離の二乗に反比例するというニュートンがリンゴの落下でそれを知った。(万有引力定数　6.6720 × 10−11N. M2 Kg−2)

私はリン語でなく日本語で氣がついたが、宇宙法則は出し合いであると思う。

また山に登ると太陽に近くなるのに、なぜ寒くなるのかと疑問に思っていたら、塩谷先生は、太陽は光も熱も出さないと言い、放射線（T線）を出しているに過ぎないと言う。このT線が空氣が当たった時に熱と光を発すると言う。

合氣道的にいうならば、T線は〝氣〟であり、受けと投げのぶつかった時の力と氣の強弱で熱と光となる。

電子レンジも熱も光もない電子の誘電加熱を利用したと同じである。

電子は素粒子の一つで、この世は分子、原子、素粒子に超微粒子と無限に小さくなってゆく。それを氣といい、しかも無限力と叡智がある神の氣である。この世は神と人間の創造によるもので動物は物を作らない。

人は神の子なりというように、神創造の人間の遺伝子は米一粒の五十億分の一の重さの中に六十億の情報、百科事典にして千冊分の情報が書きこまれているという。

この素晴らしい身体ならず神体は、人間の心の状態を鋳型にして現実化するのが宇宙法則である。氣は無情であるから、悪く思うと悪くなる。和の武道の合氣道の世界観もここにあり、まさにこの世は芸術であり、人生もまた芸術にして自作自演の大活劇である。

［六］　健と建

〝健康は富にまさる〟との言葉は、病になった時つくづく思う。

貧乏も辛いが、どんなに金があっても病氣はつまらない。

まさに「治にいて、乱を忘れず」の心が大切である。

その健康の〝健〟の字は、人偏に建で動く建物である。

建物の体は丈夫でなければ、ものの役にたたない。

命とは命令の命で、国の別、時代の別、貧富の差、それに男女の別、親を選ぶこともできない冷厳な事実にたっている。

その命は心と体と霊魂とが打って一丸となって今、今、今の一瞬一瞬を生きている。

その一瞬一瞬の流れの中で絶対変わらないのが霊魂で、胎児の時も老人となっても自己は自己であるが、心と体は一瞬一瞬変化している。

変化する心と体は自己ではなく道具であり、神からの命によって与えられたものであるから〝身体は神体〟である。

この心と体は自由にして自由にならない証拠に、体は歳をとり、心は人を好きになったり嫌いになったりし、時には離婚する。

また出物腫物ところ嫌らわずで、お手洗いは我慢ができず、名誉も地位も財産も通用しない待ったなしの大小便、また毎日寝なければ身がもたないように朝起きて夜寝るは、心身は神からの借りもので、朝借りて夜返すの繰り返しの毎日で、一日に一度の眠り、一生に一度の永眠は公平に与えられ、夜寝ている姿と死とは息をしているかいないかの違いである。

かく思えば心と体は、神のもの「公」のものである。


我が色紙の言葉の一つに「廉恥」がある。

心と体を私のために使う人を小人、公けのために使う人を大人という。国家も家庭も恥と敬で興隆する、とあるように、武士道とは「恥と誇り」に生きる人間としてのプロになる修行である。

この世の中のものは一つとして同じものがなく、オンリーワンであり、それぞれが使命があっての地球生命である。

無限の生命が生きづくこの地球も一つの生命で、使命があって春夏秋冬の時を刻む。


オンリーワンの動植物の中で、人間としての使命がある。

人間の使命は物作りにして人生の道は品性を高めるにありとは、前々号ですでに書いたが、人間ができないことを、人間が作ったロボットがやっているように、神なる大自然ができないものを作る、もの作りが親なる神に対するお手伝いである。

心と体はそのための道具である。

結婚式も神に対するお手伝いの儀式であってたんなる交尾ではない。

それ故に、男女は人間として差別なければ区別の使命があり、肌の色は違っても血の色に変わりなし、言葉は違っても感情に変わりなし、与えられし心と体の欲望を公けのためにとの品性を高めるところに、人間の人間たる所以がある。

人間の体は飲んで食って垂れての製糞機ではない。オンリーワンの一人一人の生活すべてが、また物作りの企業も常に動植物との共存共栄のこの美しい地球のためにと参与する一人一人の心が平和への道である。

〝体健やか、心康らか〞で動く建物の体は常に世のため人のために働く。

さて動かない建物の住宅も住むだけでは意味がない。

人の来ない家は栄えないように、住宅は子供はもちろん、他人も育てる公けのための住宅でなければならない。

そのために人が来る客間や応接間がある。

健と建、人の体の建、そして人が住む建と同じで、顔は玄関であり、首は道であり物を食べると食道を通じて腹に入る廊下である。

〝学問はめしと心得るべし　肚によし頭に悪し〞でその肚が（腹）客間であり、臍は永遠の自己の大黒柱で、神降臨の床の間は丹田であり、お手洗いあり、人柄、家柄は顔の玄関とお手洗い、そして書棚の本を見ると判断できる。

〝太陽の入らぬ家には医者が入り、光なき心には悪霊が入る〟呼吸は家の風通しであり、常に掃除に整理整頓して明るくして、子や人を育てる家庭は公けであり道場である。

人の健、住む建を大きくしたのが道場である。

その道場について忘れ得ぬ思い出は合氣道の本部道場の建設である。

過去を言うものは老人なりで結果的にはできなかった事を今さら言うのは心苦しいが、本部道場に師範として入ったのは、合氣道会館建設のためであった。

昭和三十六年、私は防衛関係から旧中野学校出の特務機関の人々と会合、国の政治も、世界戦略も、情報と食糧、エネルギーに金を握ることが世界を動かすのは今も変わらない。

情報は今やコンピューター、日本の情報はすでに握られ、新聞テレビにインターネットでコントロールされ、食は穀物メジャーによって握られ、食こそ生命で食品によって徐々に体質が変化し、精神が毒され動物化される。油なき日本は砂上の楼閣の如き、油上の楼閣、国際石油メジャーによって握られ、それに国家とは金なりで、景気、不景気もコントロールされている。

中でも最も大切なものは情報で、マスコミを握るものは国を握り、国民の心を創り、また国を亡ぼすと情報の専門学校を設立したが、皮肉にもマスコミの学校がマスコミで叩かれ、アメリカの『タイム』にまで掲載され廃校となった。

そんな関係から、国会議事堂の前にある尾崎記念館設立の際、資金集めの陰の人物Kという男と親しくなり、合氣道会館の建設を計画した。

合氣会は財団法人であり、政財界の知名人が役員であり、国内外に発展し、青少年育成に力を入れ

ており、各企業から寄付を頂くに免税措置をとれるに充分な条件ありと、内々に親しくしていた大平正芳外務大臣（後総理大臣となる）に話をつけ具体的立案を作った。

募金額六億円、所要資金三億円（今の本部は四千五百万）。

八階建とし、霊峰富士山の見える八階は二百畳の大道場、七階は中道場の二つ、師範、指導員室、六、五階はこれからは外国の人々も修行に来るであろうとホテル式の部屋、四階は、全国の指導者の師範を大切にしないと発展しないと、支部の師範の人達のための応接の間、それに食堂に喫茶店で利益をあげる。

道主の室に理事や道場長、事務室に新聞室にと計画、これからは車社会と駐車場を広くとった。

そして役員の人に〝K〞という男を紹介して話し合ったが、当時としてはあまりも計画が大きすぎることと、私が三十四歳の若さであることから信用されず、私の夢は破れた。

世界戦略上の情報収集のためにも、優秀な師範を育成し、十年後、二十年後世界に派遣して、民間情報を集めて国家防衛の一翼をと肚で思っていたのにと、忘れ得ぬ思い出である。

△○□は宇宙を表わすとか、蒸氣、水、氷そして火水地、また武道では、三角で入り丸くさばいて、四角で押えるとか、色々と説明がある。

戦略的には、〝△〟は戦略、〝○〟は戦術、〝□〟は全員に納得させるにある。

合氣道は宇宙法則の武道的表現にして、混迷の世界を救う道と術の和の武道であり、ますます世界に広まるであろうとの戦略による合氣道会館の建設計画、そして〝計画は緻密に　実行は大胆に〟の戦術は、十年、二十年後を見通しての計画、車社会や外人の宿泊、そして本部は支部によって成り立つ故の支部師範に対する接待の場、自然は循環にありの食堂や喫茶店経営による接待と利潤の循環的経営により、師範等に対する給料計算と緻密な計画をたてたが、役員に納得させる〝□〟において失敗した。

それは私の若さと、人間的な面で右翼的なイメージが禍した。

仕事にも普遍と特殊とが相まっている、道場では道は普遍、術は特殊、人間の間は普遍で人は特殊である。

特殊（術）は普遍（道）の表れであり、普遍は特殊なものを通して出てくる。

私は万世一系の天皇を中心とした日本人という特殊な立場から、普遍の神《かん》ながらの道を行ずる、それが右翼として見られた。

健と建、心と体そして建物も公けのものである。

日本のアイデンティティは武士道であり、公けのために命を賭ける、万世一系の国柄と武士道は世界に誇る文化である。

武士《もののふ》のたばさむ太刀の秋津洲《あきつしま》
鍔なりすれば世界震わむ　（乾舟）

［七］温故知新

わが国は　神のすえなり神まつる
　昔のてぶり　わするなよゆめ

明治天皇御製である。

朝な夕なに献饌《けんせん》と祈りを捧げる神まつる神社、そして家庭には神仏を祀り、畳に床の間あれば、日本は絶対に亡びない。

神のすえなる神国日本は、未曾有の敗戦となった昭和二十年八月十五日の四ヵ月後の十二月、GHQは日本弱体化のためまず最初に神道指命と武道を廃止した。

逆説するならば日本を日本たらしめているものは神道と武道である。

横文字で言うならば日本のアイデンティティである。

温故知新、すなわち故《ふる》きを温《たず》ねて新しきを知る、神社仏閣に畳に床の間あれば、必ず大和魂は蘇る。

〝車は急に止まれない〟時の流れの面白さ、時は歴史にして哲学、時は神にして悟りの親か、そこはかとなく日本の日本がめざめ、神社参りに武道が盛んになり、日本即サムライの芽が若者の中に出はじめている。

その若き侍達と共に〝酒と女は二合まで、人を食っても人をナメルナ〟と飲むほどに酔うほどに、私が好んで唄う黒田節の替え歌、

〝急くな焦るな人の世は
　生きるも死ぬるも神まかせ、
如何なる時も朗らかに
　これぞ真《まこと》の人という〟

一瞬一瞬が文字なき我が人生山河の小説を綴る。

しかも命とは神の命令の命、親を選ぶことも、自分の顔も後も見ることができないこの体、身体は神体で夜持ち主に返し朝借りるの日々。宿も持ち主が掃除する如く、夜は持ち主の神が掃除に修理してくれる有難たさ。

現実の生命現象は理屈もヘチマもない。目に見えない神仏に生かされて活き生活にして、この世の〝現《うつ》し世〟は神界、幽界の〝写《うつ》し世〟の顕幽一如《けんゆういちじょ》の世界、中でも神の子人間は神人和合なり。

その神霊に導かれ、去る七月二十日より三日間、京都の鞍馬山から合気道開祖、植芝盛平翁所縁《ゆかり》の大本の本部の綾部、そして亀岡に参拝した。

〝人の世は縁の糸のからみあい〟

同行の白峰由鵬《ゆうほう》氏は、二十数年の神官の修行中、天啓を受け自ら「宇宙の旗本退屈男」と称し、神仏と会話する生き字引き、由鵬の名の如く神出鬼没のユーホー、宗派は皆衆《みなのしゅう》と惚ける現代の役《えん》の行者である。

この宇宙人の白峰氏との出会いは神計りにて肝胆相照らす仲となり義兄弟の盃を交わした雲を掴むような男である。

雲を掴むような白峰氏に対し、掴んで抱きたくなる美人の御代真代香《みだいまほか》女史は幼にして神と語る神童、長じては内田流で三十年日本舞踊を学び、神命により鞍馬の山で修行した女牛若丸か。神明千寿流の家元となり、平成八年にはニューヨークのカーネギーホールで創作舞踊の神の舞いを演出した舞踊家で、絵にもなる顔を姿の美しさのみならず痒い所に手のとどく氣のつく仕種は日常に踊りありの踊りの師匠で日本を産む大和撫子である。

それに対し大和男子《おのこ》の武道家、前田比良聖《ひらまさ》氏は、新日本空手道連盟の正道会館の師範である。

前田氏は、人生も武道も理屈ではない。道場でどんなに強くとも〝いざ鎌倉〟の実戦では度胸と慣れなりとアメリカへ武者修行に渡り次々と試合にいどみ、その名を高らしめた実力者である。

武術家らしからずの温厚な人相は、術から道への求道者か、帰国後京都の臨済宗南禅寺に入山、座禅に滝行、そして山中で立木を相手にの武術の稽古から「武は神にして経綸を司る」との神武一道を悟ったという。

〝人生は出会いなり〞前田氏が本屋で手にした合気道開祖の生涯を書いた本との出合いから、旅行の途中「綾部々々」のアナウンスの声でふと植芝先生の修行のと、無意識の意識で下車、これこそ神の導きか、それになんと大本の玄関で老人が無心に削っている木刀を見て「あっ！」と声がつまった。

その木剣こそ、アメリカ滞在中空手の先生が大切に持っていた木刀と同じもので何度も夢にまで見たこの木刀こそ巌流島での佐々木小次郎と宮本武蔵との決闘で有名な小次郎の秘剣として、人から人に伝えられた経緯八剣の木剣である。

あまりにも出来すぎている奇縁から、以来十八年大本本部に入り、大本の武道「言霊剣」に人生を賭けた男の中の男である。

この個性豊かな三人に囲まれし我とは、亡き妻が「明治の人で、生きている天然記念物」という武骨者である。

その妻を背に、鞍馬の仁王門で合流、俗界と神域の結界の「洗心」で祓い禊め大樹が聳えたつ参道を一歩一歩踏みしめた。

〝いにしえの人も踏みたる土をふみ
　鞍馬の神と　語るうれしさ〞（乾舟）

と故きを温ねて新しきを知る、顕幽一如の悠久の真我の我れを思う。

途中我が合氣の修行に大いなる示唆を受けた。牛若丸の師、鬼一法眼の社《やしろ》に立ち感無量の心境となった。

鬼一法眼の密法に

来者則迎（来たる者は則ち迎え）
去者則送（去る者は則ち送る）
対者則和（対する者は則ち和す）
一九之十（いち九の十）
二八之十（二、八の十）
五五之十（五、五の十）
大絶方処（大は方処を絶ち）
細入微塵（細は微塵に入る）
活殺自在（活殺自在）

簡単な漢文で説明するまでもないが、人を迎え、人を送るは組手における退《さが》る出る。対する時は和する。

即ち一足す九は十は足し算、一九の十は和算で、十をどこを切っても十であるように、一の力でも九の力と一つに和して十となして流れに逆らわず流れを変えると相手は自然に倒れる大和心の合氣のみ技である。

大絶方処は、この世の現実は形あり現象ありで、皆使命あり、されば一応物に対する名や形を定める。細入微塵は、この世は一瞬の止まりもなく千変万化の創造の妙なるが、その根元は神氣であり、氣が中心となっており、中心は渦にして空なり。

人の中心は臍にして永遠の自己が内在するその臍を悟るために、牛若丸は一本歯の下駄を履いて鞍馬山で修行した。

さすれば活かすも殺すも活殺自在と、故に五条の橋での武蔵坊弁慶との戦いで、一九の十、二八の十とひらり、ひらりと身をかわして大の弁慶をこらしめた将《まさ》に合氣である。

合氣道開祖の道歌に

〝誠をば更に誠に練りあげて
　顕幽一如の真諦を知れ〟

そして「合氣とは愛なり、天地の心を以て我が心とし、万有愛護の精神を以て自己の使命を完遂することこそ武の道であらねばならぬ」と説いている。

鞍馬山で行じた開祖を思い「温故知新」、宇宙大元霊の働きは「愛と光と力」で「月の如く美しく、太陽の如く暖かく、大地の如く力強く」の鞍馬の信仰は今も昔も変わることなく、最も古くして常に新しい。

九十九折《つづらおり》の参道を歩み歩みて奥の院の魔王殿に額突《ぬかづ》き、祓いと祝詞を奉上すれば、

「パリでの人間性回復こそ、今の日本に必要なり、広めることが使命なり」の神命を受け、足どり軽く下山した。

翌日は女牛若丸の御代女史の顔で、禁足の霊地、鞍馬の奥の奥の「三本杉」の神木ではチャネラーの白峰氏と御代を通じ、神界より多くの指示を受け、当世四人組の世直し奉行の誓いをたてた。

車は霊山の鞍馬の道を右に左にと一路大本の綾部へと走った。

合氣道開祖植芝盛平翁が、大本の出口王仁三郎聖師と出会い、合氣術から道へと開眼した、ゆかりの綾部に入り、みろく殿から長生殿に参拝、老松殿より開祖が生活していた所より禁足の地鶴山を拝し、開祖を偲んだ。

その余韻を胸に開祖が眠る奥都域《おくづき》（墓）に参拝し、暫し道統の流れに沈思黙考、万世一系の流れのご加護の祈りを捧げた。

日本の道は祭りと政治《まつりごと》にあり、祭りの綾部の梅松苑から、翌日はまつりごとの芸術の場亀岡天恩郷へ、前田氏のお陰で禁足の出口王仁三郎聖師の霊的修行の霊山の高熊山では神界の聖師と会話の顕幽のひととき。

そして出口眞人事務局長の案内で万祥殿に参拝。悠久の日本の歴史に培われた日本の魂のめざめを語った。

回顧するに出口王仁三郎聖師とともにアジア百年の安定をはかるために、蒙古へ渡った植芝盛平翁、そして捕らえられ、銃殺の危機一ぱつで助かるという壮大な男のロマンは、血湧き肉踊る。

合氣道を開祖した翁、そして光悦の地で出生した吉祥丸道主は、合氣道を世界にひろめられた。そして三代目の守央道主の名は中心を悟り中心を守る使命か、中心帰一は日本の道統の道にして宇宙構図なり。宇宙法則の武道的表現の合氣道は昏迷の世を救う。温故知新の旅は大いなる使命を肚に感ずる旅であった。

美しき　この天地《あめつち》のみ姿は
主のつくりし　一家なりけり　（植芝盛平）

［八］パリの神道

古来、本は二十年後自分が読みかえしても、納得する本を書け！と言う。

私の処女作『パリの神道』は、今年で二十年である。

昭和五十二年（一九七七）、フランス政府文化庁の招聘により「人間性回復道場」の神道教授として、パリで神道の講義と行法を指導してきたものを本にしたものである。

それが縁で昭和五十八年（一九八三）三月、東京ディズニーランドを剣祓《けんばらい》の神官として、お祓いし、また再び昭和六十年（一九八五）に、人から人間になる「人間性回復」のため、妻は茶道と礼法の教授として共にパリで生活した。

〝神道とは心道なり〟で神に通ずる道は光と掃除（整理整頓）であるを中心とした『パリの神道』を読みかえし、二十一世紀は日本の〝神ながら〟の古神道の時代と直感している

思えば二十二年前、パリでの生活は午前、午後の授業、そして毎晩、各自宅に呼ばれては、小室良韶氏を通訳に、より深い心道の話をワインを飲みながら談笑した。

そんなある夜の家庭に貼ってあった、フランスを中心とした世界地図に日本がなかった。

その理由は、地図の右の上の方が破れていたからである。

それが何十年も通用していたということは、二十世紀まで日本を必要としなかった何よりの証拠である。

地球が丸いとは言いながら、世界はヨーロッパを中心とした世界観であり、日本は遠い遠い極東の位置にあり、それに第一次資源の石炭も石油もなく、しかも玄海灘はイギリスのドーバー海峡の五倍の距離という海に囲まれて守られたお陰で、独自の文化を形成してきた鍵のいらない道義国家である。

文化はその国の大地の氣候風土から生れるように地政学を中心にしなければ語れない。

フランスは緯度から言うと日本の北海道の位置にあり、しかも空氣が乾燥しているから、洗濯物も家の中で乾き、家の中も土足で絨緞の上に座り、パンも包装することなくそのまま絨毯の上に置いても平氣な風土である。

それに対し日本は南北に長く、春夏秋冬の四季へ早い流れと、はっきりした季節の変化から、季節の節の「節度」の〃けじめ〃の「礼に始まって礼に終る」武士道が生まれ、食事においても食物の霊に対し「いただきます」に始まり、料理を馳せ走って作ってくれた人に対し「ご馳走様でした」と、天地の恵みと人に感謝の合掌をする。

繊細な自然の流れから、繊細な芸術を好み、一瞬に命を賭ける武士道から、電車も何分何秒発車と言うように、時間を守る勤勉な国民性となった。

日本は海に囲まれての高温多湿で直ぐカビがはえる風土から「禊ぎ祓い」の神道となり、〃カビはカミ〃か神州清潔の民日本の美の文化が生れた。

高温多湿の水氣の多い空氣から、虫の声も音楽に聞こえ、「わび」「さび」の深奥な感覚を醸し、微妙に移り変る自然との一体感から、世界一短い小説の俳句や和歌の文化となり、移り変りの早い季節の花の命は短く、花鳥風月のもののあわれの無常観の歌となり、死あるがゆえに生を活きる死生観の武士道が生じた。

日本文化は全て武士道が裏打ちされ、一服のお茶に宇宙の味が一輪の花に宇宙の美を観賞する茶道華道は、全てを祓い清めての簡素な間に、見えざる実在の神仏を悟る。

華道は生花でなく、切って活かす「活花」で、忠臣蔵は今なお、歴史の中に活きているように、道に対しての武士の切腹は死して生きる死生観、華道も器と花の心の姿勢と間合いから、切腹の如く二度切ってはならない〝投入れ〟の呼吸の深遠な芸術である。

山と海の日本は〝山は土を辞さざるがゆえにその高さをなし、大海は水を辞さざるがゆえにその広さをなす〟から、清濁併せ呑んで清を出す大海の如き思想となる。

その心を神社のみ鏡に表わす。鏡は何事も否定もせず、また妥協もせず、全て大背定する明鏡止水の心を大和心とした。

その寛容と包容の母心は、和魂洋才、士魂商才の言葉となり、外来の文化文明を受け入れて消化吸収して日本化する。

それゆえに日本は文明文化の終着駅で、宗教のデパート、スポーツに食べ物のデパートであり、超自由主義、超共栄主義、超民主主義でもある。

しかも和魂に合わない排他的な宗教や主義は日本化されない。

日本を空から見ると山また山の皺だらけで狭い日本で富士山が扇の要となって二本（日本）の扇子

のように感ずる。

美しきニホンの扇北面
富士を要にめでたかりけり　（乾舟）

これはフランスに行く時上空から日本を見て歌った歌であるが、縮形思考の俳句や和歌に盆栽もここから生れたのか、扇子も開けると広いように、日本の山も広げると広い日本であろう。また人間の脳は皺だらけと言うが、繊細な日本の頭脳もこの大地の風土からと思いながら渡仏した。

通訳泣かせの日本文化論であったが、日本は神道、武道、書道、そして茶道に華道と道であって宗教の国ではない。仏教ですら仏道と道元禅師は書いてある。

道とは歩く道場であり、道は天下の大道で路は各々の足と書くように歩くもよし自転車や自動車で行くもよしの路である。

ゆえに路は宗教や主義、武道の術や話術、手術、技術の具体的な術で、求めに行くの術の字が示すように、術をもって普遍性を悟る求道心となる。

道路は永遠の道程《みちのり》で、人を見て法を説けで、その人の年齢や教養の道程の時処位によって術を説く。

道路を下から読むとロードとなる。

道あっての路の日本は国あっての自己で、住所も日本から都道府県、そして氏名で名が一番後である。

日本は家族国家であるが、西洋は個人の集まりの国か、名前が先で国は一番後である。

また、道は縦に歩くから、日本は縦書きが基本である。

しかし、この本が横書きのように横にも斜めにも書ける自由闊達な道の文化である。

横文字を縦に書くと読みにくく首が痛くなるであろう。

失礼ながら横文字を読む姿勢は「嫌々」と読み、縦書きは「なるほど、なるほど」と頷きながら読む姿こそ自然の道理である。

水も上から下に流れ、経済も経国済民のことで、国を経て民を済う、経営もしかりである。

織物も縦糸があって横糸の路で織るように、人をたて、家をたてる、旅だちにお茶もたてる。男はたてるもの女は締めるもので、勿論男は志をたてる、女は家計を締めることであるが、立てて悪いのは腹、締めて悪いのは亭主の首である。

それに対する横は、横取り、横流しに横しまな心、横車を押し、横恋慕と横目で、横ヤリを入れ、前を横切る者に、仕事もしない横着者、金ヨコセとは失礼千万、横でいいのは横綱ぐらいである。

日本の新聞や小説は横書きにすると売れないと言う。

〝道とは本に反り、始めに復ることなり〟で、毎日太陽は朝日、夕日と反復して今を照らすように、稽古事は基本を反復する。

基本を忘れ、基本が崩れると崩壊する。

日本は縦書きが基本であるのに、公けの文書から教科書まで横書きにしたことから社会が乱れたのか、時代の流れと言うが流れは縦である。

外国《とつくに》の横なることを学ぶとも
縦なる道を、忘るなよゆめ（乾舟）

パリの神道の中に、太陽は日本から昇るから国旗が〝日の丸〟、朝が鮮やかなる朝鮮は〝太極旗〟中華民国は「青天白日旗」、ソ連は働かざる者は……〝鎌にハンマー！〟、フランスは自由平等友愛の〝三色旗〟、そして米国は夜の〝星条旗〟で再び日本に帰る、西洋の物質を分析した結果の華核分裂の原爆から結びの核融合の太陽の日本へと。

またアインシュタインが大正十一年十一月十八日「世界の盟主」とのメッセージを残したことからも二十一世紀は日本の時代か。

「近代日本の発展ほど世界を驚かしたものはない、この驚異的な発展には、他の国と異なる何ものかが、なければばならない。

果せるかな、この国の三千年の歴史がそれであった。

この長い歴史を通じて一系の天皇を戴いているということが、今日の日本をあらしめたのである。

私はこのような尊い国が世界中に一ヵ処位なければばならないと考えていた。

なぜならば世界の未来は進むだけ進み、その間、幾度か戦いは繰り返されて、最後には戦い疲れる時がくる。

その時人類は〝まことの平和を求めて〟世界的な盟主を挙げなければならなくなる。

この世界の盟主なるものは、武力や、金力ではなく、あらゆる国の歴史を抜き越えた最も古く、最も尊い家柄でなければならない。

世界の文化はアジアに始ってアジアに帰る、それはアジアの高峰日本に立ち戻らねばならない。

吾々は神に感謝する。吾々に日本という尊い国を造っておいてくれたことを！」

——アインシュタイン

〔九〕使命

生命の母なる地球は、動植物と共存共栄にして一つとして同じものがない、オンリーワンの使命があり、一つの生命も頭、手足に内臓から細胞も使命があって、一つの生命体を形成している、まさに「枝も葉も、幹も根もまた、ともどもに捧げあいてぞ、花は咲くなり」である。

美しく恵み豊かなこの地球も、一つの生命体であり、一瞬の止まりもなく、常に清浄への変化と、千変万化の動植物を創造し給う。

その動植物の中で、人間のみが物を作る使命があるように、その国その国にも使命がある。日本は遠く神代の時代より〝中心をたて分を明らかにして、中心に結ぶ〟、宇宙構図の菊のご紋に示されているように、中心をたて分の使命を明らかにしてきた家族国家で、その中心の心は「無私無心」の母ごころから、家庭は母を中心に、国は天皇を中心にしてきた道義国家である。

悠久の神代の時代より、神武天皇が紀元の節を定められて以来、今年で二千六百六十年の歴史の流れの中で、西暦の二十世紀の日本の使命は、一九〇四年の日露の戦いから、大東亜戦争によって「白人に非ずんば、人に非ず」の欧米に対し戦いを挑み、人種差別をなくしたことであり、このことは世界歴史最大の事件である。

洞察するに生活の基本は〝衣食住〟であり、国家の自立は「食糧とエネルギー」の自給自足が基本原則である。

戦争の原因は、この食糧とエネルギーの争奪であり、ロシアの南下政策は、豊かな土地を求めることから始まり、大東亜戦争は欧米の日本に対する石油の禁輸等によるエネルギー戦争であるは明らかである。

さて、二十世紀の日本の歴史を大観するに、自然環境の厳しいヨーロッパは、産業革命により急速に発達した物質文明の力と選民思想から、豊かな土地を求めて東南アジアを草刈的に植民地化し、幕末にはすでに中国も欧米列強によって浸食され、その脅威を肌で感じた武士達が、世界歴史上特筆されるべき明治維新を成し遂げ、臣民一体となって富国強兵、殖産興業を興し、維新後三十七年にして、世界一の陸軍国ロシアと戦火を交え、一二〇パーセント勝ち目のない戦いであったが、日英同盟やアメリカの仲介という要素はあれども、政財界に国民が一致団結、軍部は全身全霊をかけて作戦を練ったことから勝利となった。

それ故に不平等条約とも言うべきポーツマス条約となり、内容を知らない国民はそれを不満として日比谷焼打ち事件となった。

しかし日露の戦後の勝利は、植民地に喘ぐアジア民族に独立の火を灯した。

〝勝って兜の緒を締めよ〟、しかるに大正三年（一九一四）第一次大戦に参加し、濡れ手に粟を掴んで驕り高ぶり、西洋文明に浮かれ大正デモクラシー時代となった。

〝白人に非ずんば人に非ず〟の欧米列国は、急に輝き出した遠い遠い極東の国の日本に圧力をかけ始めた。

そして昭和四年（一九二九）十月二十四日、暗黒の木曜日で知られる世界大恐慌を仕掛け、その波は日本に波及し、娘売りの辛酸を嘗める。

あの手この手と有色人種の日本の孤立化を仕掛け、ついに昭和七年十一月二十一日、国際連盟脱退とも言うべき松岡洋右の演説は、欧米人の最も痛いところを突いた胸のすく歴史的な演説であるが、白人のための国際連盟なるが故に黙殺され、ニュースにならなかった。

歴史を忘れた民族は亡びる。この歴史的事実の、リットン報告書に反論した松岡洋右の演説を読者諸君のため、武士道国家日本の後世のために、歴史の事実として書き残すに、

「諸君を刺激するかも知れないが、敢えて言おう、昨年以来ジュネーブで極めて無責任な議論が続き、我が国民を威嚇した結果、日本は連盟による制裁、つまり経済制裁を受けて立つ覚悟ができている。

日本を制裁したいのなら、いつでもしたまえ、日本は断じて屈服しない。

リットン報告書が提起した解決策を仮にみとめたとしても、中国に強力な中央政府ができなければ実行不可能である。

いったいそのような中央政府はいつ出現するのか、一年以内か、否二年以内か、否断言しよう、今後十年、二十年、否我々の時代には出現しない。

そのような期待に固執している限り極東に平和は訪れない。

欧米の諸君は〝日本は世界の世論を無視している〟と言うが、果たしてそうなのか、たとえ世界の世論が日本に絶対反対であったとしても、その世論は永久不変のものと誰が断言できようか、人類は

かつてナザレのイエスを十字架にかけた。世界はまさに今、日本を十字架にかけようとしている。しかし我々は信じている、ナザレのイエスが、やがて世界に理解されたように、日本もいずれ世界に理解される日がくる」。

人種差別の欧米列国に対し、堂々と日本は十字架上のナザレのイエスと皮肉った痛烈な演説は、サムライ松岡洋右の面目躍如たるものがある。そして翌年の昭和八年二月二十四日国際連盟を脱退した。

以来、欧米は日本憎しと裏で糸を引き、昭和十一年十二月十二日〝晴天の霹靂〟という「西安事件」となった。

これは中華民国の蒋介石総統が「アジアの平和のためは日本と争ってはならない」と、日本と共に共匪殲滅《きょうひせんめつ》の討伐がもう一歩という時に、派遣した張学良がそそのかされて蒋介石総統を監禁した事件である。

それ以来、中国の支那は抗日戦となり、翌年の昭和十二年七月七日、盧構橋に仕掛けられた一発の銃声によって泥沼の支那事変となった。

この事件は、劉少奇《りゅうしょうき》麾下《きか》の中共軍が、日華両軍に発砲したことで、この事実は中国共産党の政治史で明らかである。

〝城は内から壊れる〟、個人も内臓が病むと死に至るように、国民が歴史を忘れ、民族の精神が希薄になると亡国の道を辿る。

神州清潔の民日本民族の大和魂は和気藹々《わきあいあい》で戦いを好む民族に非ず、支那事変は日中戦争に非ず〝事変〟、日清・日露は〝戦役〟、大東亜戦争のみが戦争である。

その大東亜戦争は、かつて江戸時代まで日本国内は各藩という国ががあったが、明治維新の廃藩置県によって中央集権的統一国家日本となったように、地球一家への大きな歩みへの使命を果たした。

車は急に止まらないように、各地で民族紛争はあれども、環境問題から人類の存亡にかかわる地球的意識が論議されるようになった。

戦争は科学の母と言う如く、武器の発達は地球を狭くし、今や人工衛星が地球の隅々まで観察している。

二十世紀は石油の火の文明で、石油の争奪戦の争いの時代、そして石油を原材料とした物質文明のお蔭で、豊かな生活を謳歌した。

しかしその反面、石油による合成化学物質による、プラスチックに化粧品、それに農薬や医薬品に食品添加物によって動植物の生体を阻害し、精子の減少に奇形、訳のわからぬ病や、異常なる犯罪も、化学物質によるものと言われる。

今や遺伝子工学の時代で、クローン動物ができても、生命そのものは人間は作れない。

命は天命の命というように、この世の生命は太陽と水と空氣の結びによるものであり、空氣が太陽による水が蒸発したものであれば、火の文明から水の文明へ。

二十一世紀の人類の使命は、太陽と水と空氣から食糧とエネルギーを作る時代、大自然は循環交流の動植物との共存共栄で無公害、されば産業構造も生産―流通―消費―そして完璧なる再生の循環交流の物作りの使命を自覚しなければゴミの山となって地球生命の危機となる。

ゴミを捨てるのではなく再生のためにだす。産業廃棄物とは失礼である。産業甦り物と言うべきである。

合氣道は、宇宙法則の武道的表現なるが故に、勝ち負けの試合なく、陰陽結びの武産合氣と言う。

その氣は宇宙根源の神氣にして、形なく声なく時空を超えて存在する見えざる普遍的実在によって天地万象ができている。

合氣道開祖は、その氣を悟り合氣道を似って人類和合を求められたのである。

合氣道の技は、全て呼吸法と言い、水の如くぶつかってぶつからない切磋琢磨の和と言う。

思うに漢字は哲学、冒涜とは神聖なるものを汚すことにてして、涜は水を売ると書く。水を売り買いすると社会は乱れる。先ず川をきれいにすることから始めるべきである。水清ければ蒸発した空氣がきれいになり社会の雰囲氣が平安となる。まさに水の時代である。

利点と欠点は相等しい。合氣道の利点と欠点は〝試合がない〟ことである様に、人類の利点と欠点は智恵にして文明を創造しまた戦争をする。

ある動物園に世界最強の獰猛な動物が一匹飼ってあり、危険のため厚いコンクリートの壁に一人ずつ覗くようにできているという。

怖さ見たさに皆列を作って順番を待ち、覗くと、その獰猛な動物も中から顔を出して覗くと言う。

一瞬びっくりするが、人それぞれの思いで出てくるという。

その覗き窓の向こうには鏡が置いてあるのである。

［一〇］道場

道場は単なる空間の場ではない。

思想を伝達し、道を行する場であるから道場と言う。

武道の道場は、武の術を通じて道を求める場である故に床の間に武の思想の掛け軸をかけるか、または神棚を作り、礼から始まり形なき心は体をもって具体化し、体は技を磨いて精神化し、心身の格調を高くし、真我を悟る鍛練をなして礼に終わる。

人の体も心を伝達する道場であり、家庭もその家訓の家柄を教育する道場である。

会社も単なる金儲けの形而下的な場でなく、人の世のために物を作る場の道場である。地球も道場で、宇宙根元の氣の磁気の磁場の場は、氣の道場である。

この世にあるものは、神なる大自然の創造によるものと、神の子人間の創造心によるもの以外なく、動物は物を作らない。それ故に、この世界という道場は神の氣と、人間の心による神人和楽の思想の伝達する道場でなければならない。

かつて二千年前の蓮の種が化石の中から発見され、それを土に蒔き、肥料をほどこし立派に育て、今やその孫や曾孫が花を咲かせているように、神と言えども種を創るが、それを土に蒔いたりするのは出来ない。

人の物作りは神が出来ないものを作る物作りで、道なき所に道を作り、山や木を育て水を治めて、この美しく恵み豊かな大自然をより美しく、より恵み豊かに、より快適に、より香り高き氣品を添えて、動植物と共存共栄の神人和楽のお伝いが、神なる親に対する親孝行である。

生命は神域で立ち入り禁止故に、地球生命を破壊する原爆や公害は、親不孝である。

合氣道の道場である我が〝神明塾〟は、山蔭神道の斎宮でもあり、神武一道を行ずる道場である。

神明塾の由来はいい加減で神官でもある私は神道の大祓《おおはらい》の詞《ことば》の祝詞《のりと》の中に「…天津《あまつ》祝詞《のりと》の太祝詞事《ふとのりとごと》を宣《の》れ…」と唱えて〝ふと〟鎮魂したら〝神明とダイヤモンド〟と閃いたからその名をつけたのである。

神道での太祝詞とは〝ふと〟思うことか、学問のない武骨者の私は人の話や漢字を見た瞬間〝ふと〟閃くことが多く、学者先生方から駄洒落かと笑われる。

空氣は虫なり

空氣は虫なりと言って笑われて以来数年たつが、合氣道に呼吸法とある、その呼吸の空氣は五分として止められない空氣によって生かされている。空氣とは何ぞや。

呼吸が止まって死ぬと何処へ逝くのか、子供の頃、日曜毎に昔の寺子屋と同じお寺へゆき、お坊さんから読み書きソロバンや、あの世の地獄極楽の絵図を見せられ、悪いことをすると地獄へゆく、嘘をつくと舌をぬかれると教えられたものである。

今なおあの世は見たことがないのでわからないが、人や動物が死ぬと蛆虫《うじむし》が湧いて腐り、土になり、空氣となるのか、空氣や大地は神仏であり、また祖先達か、そして大地からとれるからお土産で、それを反対に読むと〝産土神《うぶすなのかみ》〟、また仏教では大地は色々なものを生み育てるから、土の中にはお蔵があると〝お地蔵様〟と言い、子育て地蔵やトゲぬき地蔵と色々なお地蔵様がいる。

自分より近いもの程大きく、遠いもの程小さいように、人の親より自分の親が大切、故に自分の氏の氏神様が自分を守る、その氏神様は蛆神様か、世に言う虫の知らせは氏虫の氏神様の知らせの〝ふと〟思う太祝詞か、空氣の氏神様が子孫可愛いさから隙間なく包み守り給う、いつでもどこでも見てござるから、悪いことは出来ない。

氏神様の空氣に感謝することが呼吸法で、この世の根元は〝氣〟であり、人が死ぬと祖先の蛆虫の氏虫によって禊ぎ祓いされ、宇宙根元の氣に還元される。

田舎はいい所であると人は言うが、田舎育ちの私は虫に悩まされた。

今日はムシますなあ！と言うように茶碗むし！ではないが、ムシ熱いと虫が湧く。田舎の夏は虫が多く、小さなブヨに刺され、田んぼの中では蛭に血を吸われ、山に入ると毒蛇の〝蝮《まむし》〟に噛まれ、また蜂に刺される。これ皆虫の字を書く字で先人の思想が生きづく。夜は電灯の明りに雲霞の如く虫が群がり、網戸は役にたたず口や鼻から入る時もある。

その虫を虫が食べ、その虫をまた虫が食べる、人間は見えないが少し大きい虫を鳥が食べている、その鳥を月給トリが食べるか。嗤《わら》うことも、美しい虹も、蜃氣楼にも、虫の字があるように、空氣も土も虫の塊りか、一握りの土の中に二十兆の細菌という虫がいて土を浄化していると言う。

人間の腹の中にも何十兆という細菌が人が食べたものを分解し、栄養にしている。その虫を殺すと人は死ぬと言う。

水また清ければ魚棲まず、蒸留水では十五分位で金魚は弱ってしまう。戦争中爆撃々々で、水道が壊された時、先輩からボウフラのいる水を探せと言われ、その水を飲んで助かった体験がある。

参考までにボウフラがいるかいないかはトントンと叩くと、水の中の埃のようなボウフラは一斉にツウーンと下に沈むことで判る。

虫は毒かどうかをよく知っている。故に虫も食わない農薬で汚染された野菜を食べて、それでよいのかと『日本人よ母心に帰れ』（ぱるす出版）を書いたのが、十年後の今頃になって売れ始めている。

〝食こそ生命〟、酒を飲めば酔い、毒を飲めば死に至る如く、世の乱れや少年犯罪も心と体の食べ物による結果である。人に良いと書いて〝食〟という字が示すように、歯には肉食の犬歯に、草食の平歯そして人間の臼歯は、米即ち穀食を食べる。

種には天に聳《そび》え立つ遺伝子があり宇宙的な心となる。卵や肉食過多は血液が酸性となり怒りっぽく犯罪が多く癌になりやすい。菜食過多は陰氣な人間となり迷いやすい。身土不二のお土産で、その住んでいる所で穫れたものが体によい。

極東の国日本列島は、水穂の国というように水稲を主食に、ムシムシする湿氣から直ぐカビが生え、酒も味噌も醤油も醸造で、カビの虫を生かして食べる。カビはカミに通じ、春夏秋冬の恵み豊かな自然から、自然ながらのカビ、カミの神ながらの道が、自然発生した神氣漂う神国日本である。そこから武道、茶道、華道の芸道に和歌の道と道の国日本である。宗教は全て外国から入ってきたもので、教祖、教義、戒律に偶像崇拝によるもので、排他的で争うことが多い。

和の波動

自然発生した神ながらの道のように、自然に出る言葉に「あ」がある。

日本の「あいうえお」は「あ」から始まり、これを五大母音と言い、「か行」以下はローマ字で書くと二字であるが、全てこの母音に帰るから日本は女性的、母性的な美しさと和の波動の国で、日本語を話すと平和になると、パリで日本語を伝えてきた。

「あ」は神に通ずる言葉で、外国でもアーメン、アーラの神、日本では天照大神、天御中主神、〝阿吽〟の呼吸、そして〝あぁそう〟と自然発生する。

合氣の「あ」ではないが、暖かいからあをとると〝戦い〟となり、明るい言葉をかけると、その人の体は活性化し、軽くなるから〝あ軽い〟となるように「あ」は神に通じ、私自身は「あーンー」と唱えてンの音をどこまでもどこまでも追いかけて心耳で聴くと、「ふと」閃くことが多い。体に「あ」のつくのが頭、顎、穴、足で、これらはよく動かすことで健康になる。

水の結晶で有名な江本勝氏は水に「有難度う」と言うときれいな結晶となるが「馬鹿野郎」と言うと汚い結晶になると言う。言霊の波動の善し悪しは、植物にも通ずると科学で証明されてきた。

人から人間になる「人間性回復」のパリ（一九九七年、著者はフランス政府文化庁に招かれ、パリの「人間性回復道場」の神道教授として渡仏――編注）では、食こそ生命の、体の食べ物と、心の食べ物は言葉と本であり、日本語の言霊を伝えたことが水の結晶で証明されうれしく存じている。人は多いが人間が少ない。

フランスのある動物園の人氣者のゴリラが急死し、連休を前にして困った園の人々は相談し、ゴリラの縫いぐるみを作って一時的に間に合わした。今の縫いぐるみは顔の皮も動くほど、良く出来ており、子供たちばかりか大人までその仕種に拍手した。調子にのった縫いぐるみのゴリラは、ブランコ乗りをしたまではよいが、片手を放して手を振ったのがまずかった。勢いあまって隣のライオンの檻に落ちてしまったから大変。ゴリラは慌てて檻の角に逃げてブルブル震え出した。グーグー寝ていたライオンは目を覚まし、ジーと見てスーと立って歩き出したからサー大変、近くにゆきオーと口を開けたらゴリラは〝助けてくれ！〟と声を出そうとしたらライオンが「待て〻俺も縫いぐるみだ」と言ったという。

落ちれば只の人の政治家、制服制帽の警察官、社長や部長も縫いぐるみを脱いだ価値が人間性である。宗教家か詐欺師か、本物か偽物か、有名人が多いが人間の英雄は少ない。その差は月とスッポンの違い、さて俺は人か人間か！

小さくも金剛石の神明塾
光り輝きよを照らすなり

［一一］ナビゲーター

車に進路自動調整装置のカーナビがあり目的地を指示すると、美しい女性の声で右左と細かく指示してくれる。しかも、渋滞や事故、その上目的地までの所要時間までも教えてくれる。知らない土地も安心して運転できる。なんと便利なものができたものである。

どうなっているのか一台一台、車に女性が一人付き添って指示してくれる。どこで見ているのか進路に従わないと、「方向指示に従って走行して下さい」と注意される。

戦争は発明の母という。このカーナビは、人工衛星より確実に敵の拠点を爆破する目的から発明されたものである。カーナビのみならず我々の日常生活の中で、戦争によって発明されたものから、便利にして豊かな生活に恵まれているものが多い。

さて、カーナビを見ながら、ふと「お月様」と閃いた。

月は地球上の動植物の生理を司るナビゲーターか。思うに女性の生理を月経というように、動植物の肉体は月のナビの指示によって生かされている。

体にある食欲、性欲、睡眠欲は動物にもある欲で、地球を回る衛星・月の経によるものである。

女性の生理は、月が地球を一回りする二十七日と七時間四十三分十一秒であり、子供が十月十日で誕生するのも、これを一ヵ月として計算するのである。

月の運行に基づいた暦を陰暦といい、農業はこの陰暦によって仕事する。

人間のみならず、例えば河豚《ふぐ》は満月の日に満ち潮によって海岸にきて産卵し、引き潮にのって去ってゆく。魚なのに何故満月や満潮、引き潮を知っているのか。満月の魚はまずく、果物はおいしいのも月の経のナビによるのか。

神話の『竹取物語』のかぐや姫は竹の節から生まれたとあるは、初潮の節から閉経の節の間のことか。月あってこそ女性であり、生あるものは必ず死す。泣き泣き月に帰るは生まれ変わる「往生」の死、月は輪廻転生の生理を司る月読命《つきよみのみこと》、「うまれる」の「う」の兎が餅つきをしている。杵は男で、臼は女か。陰陽の結びの、こんころもちの餅つきによって再び人として生れる。

なんと美しい情緒ある豊かな描写である。

月には新月の三日月、上弦の月、満月に下弦の月と、満ち欠けの変化ある。「月が鏡であったなら」との歌心の和歌や俳句の歌道も日本画も、悲歌を歎ずる花鳥風月の情緒感にある。

また「月の砂漠の……」との童謡があり、ラクダには王子様とお姫様が……と歌った、その歌ごころが大和心をかもしたのである。昔から月は砂漠と歌い、兎が餅つきをし、その神の名は月読命として、「お月様」と申し上げ、子供が悪いことをすると「ノンノンさんが見ているよ」とたしなめられた。

その月に人間が立ってはじめて月が砂漠であるを実感し、生物はいないという。「アポロ十一号、月より兎追いおとし」。

以来、日本は風雅な情緒感をなくし、子供も童謡を歌わず、殺伐たる社会となり、考えられない犯罪が多くなった。地球の衛星として、二十七日と七時間四十三分十一秒という秒単位の周期から思っても、月に物を置いてきたら周期が狂うのではないか。

何十億年とかけて、この美しく恵み豊かな地球を創造し、月の経と日の経とによって、動植物の生命を産み育てている、この地球を人間の欲望の科学によって生命体の地球を破壊しようとしている。戦争から生まれた科学のカーナビによって、日月の経のナビを悟り、人類破滅の危機を救うべきである。

五臓六腑に脳まで全て月の字があるように、体は月のナビの経によって生かされている。そして太陽の経は、神経で、脳背髄の中枢神経から、諸器官の五感の感覚に連絡している。

この月の経と神経は、人間の心の支配にあり、心の状態によって、月のものが狂ったりまたは止まったりし、神経は広くなったり狭くなったり、時には気絶からショック死するは、誰もが知るところである。

明るいとは日月と書くように、心は清く明るく正しく直くとの〝清明正直〟は、日本人の心の道、心道が神道である。

この日月の経のナビゲーター違反が、人間の三大不幸、病い、貧乏、悩みである。

日月の経によって生かされているように、第一義的生き方は、どんなことがあっても、心は明るく朗らかに生き生きと勇ましく何事も大肯定の鏡の如く、全てに感謝々々の心を堅持することである。

人として生まれた以上、志をもつことは大切であるが、志は第二義的である。志の中で国のためという志は崇高であるが、国のための戦争で人を殺傷するは、宇宙神のナビからは違反である。

動植物と共存共栄のこの地球上で弱肉強食の動物も、宇宙神のナビの摂理にあり。人間のみが宇宙法則を知って、進歩発達の歴史を創る。食も宇宙の法のナビに従って、感謝して頂くところに、万物の霊長としての人間の人間たる所以がある。

漢字は哲学か、肉体の肉には人人と書く、上の人は額にある実在意識、下の人は潜在意識で無意識の意識である。

文を修め武を練る修行は〝肝腎要〟の修行と言い、肝は肝胆相照らす仲と言うように心胆を練る。肝臓を練るひとつに、立っていても歩いていても、つねに〝座っている〟と言う癖をつけていると、肉体の上の人が下に下りて人が横に並んだ字の坐となる。すなわち落ち着きで、心による心臓も正常の状態となる。

怒り怖れ悲しみの心の状態では、心臓はドキドキと早鐘を打ち、血液が即座に酸化し、肝腎の腎臓の道が通りにくくなり、不健康となる。腎は賢い字に通じ、腎臓は一日ドラム缶四十本もの血液を浄化する。

怒ると血液が茶褐色となり味は渋く、怖れると青丹色で酸っぱく、悲しむと黒褐色となり苦くなる。母乳も血液であり、母の心で味が変化するから子供は乳首を噛むのである。

腎臓が悪化すると腎臓透析を必要とする。

肝腎要の要は中心の腰で、足腰と言うように歩くことが要の腰が鍛えられる。

肝の心肝が弱いと腰が抜けるように、心を養うことが第一義的生き方である。

今この原稿を栃木県那須の塩原温泉の「きらく荘」で書いている。

八月十五日に右の腕がしびれて動かなくなり、〃一瞬〃脳卒中かと、道場を駆け足しながら辞世の句を考えたが出ない。結局「人の世は縁の糸のからみあい　たぐる幸せまた不幸せ」ときめ。なにはともあれ風呂にはいって身を浄め、万が一と白装束を出して娘に電話し、タクシーで病院へ。検査の結果脳ではないらしいとのことで、整形外科で再検査して腕を固定された。

熊本から福岡へと講演の約束あり、その後は四国の高知女子大の合宿である。無理を承知で無事約束を果した。

心は明るくしていると少しずつ指が動き始めたが、箸も持てないもどかしさ情けなさ。

二十七日は大きな「洗心」の大会があり、私は剣祓いの神官としての役があるが、これも難なく果し、合気道の渡辺一示氏の約束の塩原温泉に来たのである。

この「きらく荘」はテレビの徳光氏の情報スピリッツの放映で紹介された宿で、石に意志があるように、自然石のエネルギーに、超音波作用と光ファイバーを温泉に取り入れた、石と光の融合温泉である。近代のホテルのなかで昔の湯治場のような、その名のごとく、きらくな宿である。

主人の君島勝久氏は、足つぼの治療をなされ、多くのスポーツ選手を治している。古典に「有名無力　無名有力」の言葉があるが、失礼ながらこの主人は無名有力の方で、そのお陰で私はこうして原稿が書けるようになったのである。

温泉が良いのか足つぼの治療がいいのかは別として、現実に良くなったことは事実であり、女性客が口コミで多い。テレビで知る「みのもんたさん」も来られるという。

我が親友の教育落語家の三遊亭歌之介氏の、健康であれば命はいらない、死んでもいいと笑わせるが、その意味は深い。

この利き腕が使えないもどかしさの神の啓示、そして少しずつ良くなってペンを走らせながら、この腕に感謝々々である。

体は鍛えるもの、内臓はいたわるもの、そして心は養うもの、日月の経のナビを心底より悟らされた。古来、一二三《ひふみ》の大祓いという伝えあり、一二三とは日風水である。自然に感謝なければ日の祓いの地震に火事に旱魃《かんばつ》、台風に竜巻、そして洪水による大祓いである。

日も月も地球も大宇宙も生命体、宇宙時代の今、宇宙神のナビの経を悟り、地球一家の神人和楽こそ人間の道である。〝生かされて活きる我こそ楽しけり　物と名誉は持てば不自由〟。

どこもどうもない我に感謝しつつ。

［一二］元号

西暦二千年とは、単なる時間的経過である。

それに対し、日本の元号は〝こうありたい〟という日本民族としての方向性であり願望である。あたかも子供に名をつけるが如きである。明治以後は、一世一元となったが、その昔は天災や事変、祥瑞によって元号を改めた。

その一つに、第四十四代元正天皇の時の養老（七一七〜七二四）がある。

当時、今の岐阜県、美濃の国の山村で、一人の貧しい樵夫《きこり》が毎日山に入って薪をとり、それを町で売っては、帰りに酒好きの老父のためにお酒を買い、父の喜びを我が悦びとしていた。ところがある日、山にはいった樵夫は誤って谷底に落ちて気を失った。そしてふと気がついてみると、プーンと酒の匂がする。「はてこんな山奥で」と不思議に思い、あちらこちらと探すと、なんと、小さな滝が酒であった。

夢か幻かと、ひさごに酒を入れて帰り、父にすすめると「この酒はとてもいい酒だ！」と大変喜ばれた。

親孝行の樵夫は、毎日毎日滝神様に感謝しては、父を喜ばせていた。このことを世間の人々が知り、その滝に行ったたが、ただの水であった。

これは滝神様が親孝行息子のために、お酒にするのだとの噂が広まった。そのことを元正天皇様が美濃に行幸《ぎょうこう》の折お聞きになり、その樵夫を呼びお褒めのお言葉をかけられ、元号を〝養老〟と改められた。今も岐阜県養老郡に、その養老の滝がある。

かくの如く、君民一体の家族国家日本は、その時代の元号に深い意味が内在している。

さて、西暦の二十世紀の中の日本の元号は、明治から始まり、平成にいたる。

その明治とは「君子南面し、天下を聴かば明にして治まる」から明治と言う。

古来日本の神社は、すべて北を背にして、南を向く。鳥居は南にあって、神社に行くと東西南北がわかるようにできており、南向きでないのは〝北向天神〟というように名をつけているのである。

人間の背を北の月と書き、南の字の中が幸いと書き、二本の足で立つ姿か。家相も古来、北に山、東に川の流れ、南を開けて、西に大道で、西の大道は「お母さん只今」と帰る道で、西の女と書いて〝要〟であり、母の腰の故郷の感性である。

また地球を輪切りにした形が、日本の皇室の〝菊のご紋〟で、中心の天皇が「あ、そう」と聴くから〝きくのご紋〟でもある。

そして聞くと聴くとは大違いで、聞くは耳で、聴くは声なき声を王の耳で徳をもって聴くことであり、そしてまた天皇は毎朝祭りを行ない神の御言のりを聴くから朝廷と言い、その神のお言葉を申すことを〝詔〟と言い、その神事の祭りから国を治めることを〝政治《まつりごと》〟で、役所を古来〝廰《ちょう》〟と言う。

それ故に日本の中心は〝天皇〟であり、国を皇国と言い、国民を皇民、学問は皇学、武道は皇武であり、軍隊は皇軍である。

菊のご紋は、宇宙構図で「中心をたて分を明らかにして、中心に結ぶ」中心帰一が日本の国柄である。
中心の天皇は、皇祖天照大御神のことで母神の〝誠の心〟である。
地球は万有引力、日本の家庭は父を頭に母を中心にするが故に、万有陰力、中心は渦の法にして空、故に空なる母ごころは悩みも悲しみも疲れも消して活力を産む。
中心の〝法〟に行くのが道であり、中心の法なる〝皇〟に行く道が皇道であり、歴史は皇道史である。
茶道、華道、芸道に武道と、日本は道の国であり、その道も歩むための術であり技であるから、武術、武技と言う。

仏教の中に、〝南無妙法蓮華経〟があるが、法は絶対崩せないと、必ず楷書で書いてある。お手洗いも法則による故に「厠《かわや》」と言うが如し、宇宙法則によって生かされている。

いささか理屈に走ったが、明治の御代は、江戸三百年の眠りより醒め、俄然奮起し天皇を中心に仰ぎ、三千万国民の総行進が始まり、その近代国家創りの姿は、気宇雄大、精神充実し、光彩陸離《こうさいりくり》たる時代で、二十世紀初頭の一九〇四年の日露の戦役に勝ち、植民地に喘ぐ東南アジアの民族に独立の火を点した。

そして大正へ。

「大いにとりて、それが正しければ天下の道なり」の大正は、日露の戦いや第一次大戦に参加し、濡手で粟を掴んで浮かれて驕り高ぶり、西洋文明を取り入れて大正デモクラシーとなって毒され、自然と共にの神ながらの道の日本が、自然を征服するが如き西洋文明は天下の道に非ずと、十五年で幕となる。

そして元号は昭和へ。「百姓昭明にして万邦協和」。

昭和四年十月二十四日、暗黒の木曜日と知られる世界大恐慌から始まり、昭和六年の満州事変。その満州事変に関するリットン報告書に反論した松岡洋右外相の国際連盟での歴史的な痛烈な演説によって国際連盟を脱退、そして昭和十一年十二月十二日、晴天の霹靂《へきれき》と言うべき〝西安事件〟から翌年の盧溝橋に仕掛けられた、劉少奇麾下の中共軍の一発の銃声から泥沼の支那事変となった。

「日本無罪論」を唱えたインドのパール博士が、昭和十六年十一月、日米交渉で提示された米国の最終提案の条件のハル・ノートは、モナコの国でさえ戦ったであろうと言ったほどの日本叩きに、ついに堪忍袋の緒が切れ、十二月八日宣戦布告、大東亜戦争の火蓋は切って落とされた。

そして、日本の皇軍によって、東南アジアの諸国は解放され、日本敗れたりといえどもアジア民族解放の大東亜戦争の目的は達成し、その余波によりアフリカの国々まで独立した。

二十世紀最大の大事件は、一九〇四年の日露の戦いから、一九四五年敗戦の、大東亜戦争の日本の皇軍によって人種差別をなくしたことである。

即ち「百性昭明」となしたことで、戦後は経済で各国々を救い、昭和六十三年（一九八八）の秋に開催されたソウルオリンピックには、二十世紀頭初は独立国家六十ヶ国が、百六十ヶ国となって参加した、まさに、「万邦協和」のスポーツの祭典である。

「百性昭明　万邦協和」の元号の如く、昭和天皇が翌年の一月七日、ご崩御された。

昭和から平成へ。

平成とは、「内平らかにして外成る」。

世界平和の原点は、世界の人々が毎日「お母さん　只今」と帰る各家庭の平安である。各自の家庭内が平安であってこそ外なる世界が平和と成る。

また人は皆現実只今に生きている。内なる内臓がナイ臓でこそ健康、出物腫れ物ところ構わず、大小便は我慢が出来ずの待ったなし！　間に合わない時の苦しさは、まさに世界平和も糞くらへの内平らかにして外成る現実只今である。

生活とは、生かされているもののために活きる。小にしては母であり、母国に母校、そして母なる大地の地球である。

二十一世紀は大自然の道の法と、母のために活きる心の時代。

平和とは穏やかで、親しみ融け合う情熱の心である。

金属と金属も熱で合金となるように、人の和は情熱の温かい心である。

その心は互いに信じ合うことである。『論語』に「信無くんば立たず」という名言あり、孔子の高弟子貢《しこう》が、孔子様に「政治とは」をたずねれば「食と兵と信なり」と答えたという。

国の本は農なりで、まず食糧を十分にし、国民の生命財産を守る兵隊が必要であり、そして互いに相信じ合う心なければ争いが絶えないと、ではやむを得ず捨てなければならないときは何を捨てますかに対し、「まず兵を捨てる」。次に捨てるのは「食なり」と。食わなければ人は死ぬが、死は誰もがある。信は絶対に捨てられないと。

思えば昭和二十年八月十五日の終戦によって日本の軍隊が解体された。

軍隊の解体は、軍人の失業、軍事産業の倒産と不可能に近い。

世界の軍事予算を母なる地球のために使ったら数ヵ月で理想郷の星となる。

神ばかりか、日本は軍隊が解体され、その上台湾と朝鮮を日本と同じ生活にする為に膨大な予算を注ぎ込んだ拓殖政策（植民地ではない）が失くなったことで、経済が急速に発展し多くの国々を援助した。

二十世紀最後のスポーツの祭典シドニーオリンピックには二百ヶ国の人々が参加した。

その裏には日本の力が内在していることを二十世紀の流れの中で感ずる人は少ない。

日本の皇位継承の三種の神器、鏡に曲玉そして剣がある。その心は鏡の知、曲玉の仁、剣の勇なり。

即ち歴史伝統を知ることにより国を愛する仁の人となり、誇りをもって国難を救う武士の勇となる。

惜しまれて散るや桜の心こそ
大和心の武士《もののふ》の道　（乾舟）

[一三] 一言《いちごん》時に一生を救う

吉田松陰の松下村塾の例をあげるまでもなく、感激、感動のない教育は無意味である。松下村塾は二年間とはいいながら、実質は一年間であったが、松陰の教育は〃一言時に一生を救う〃感動のもので、先生の生きた言霊《ことだま》は、学ぶ者の心に感応し、学問も生活も全てが、永遠の日本の国家生命に参与し、道義化し、精神化し莞爾《かんじ》として、公のために躊躇《ためらい》もなく、自己の命を捧げ幕末動乱を経て、明治維新を成し遂げた人材を輩出した。まさに教育とは火つけ役で、何時間教えたかではなく、何を教えたかである。

三月の卒業式が近づくにつれ、いつも思い出すのは次の話である。

ある高校の卒業式一週間前、一人の不良少年が校長に呼び出された。常日頃、悪いとは知りながらも悪行を重ねていた少年は、叱られるのを覚悟して、校長室のドアを叩いた。

「入れ！」との威厳のある声に、身をひきしめた少年は、ドアを開けて入った。すると「鍵をかけなさい」と命令し、校長は全てのカーテンを閉め始めた。さては、逃げられないようにして折檻《せっかん》されると、少年は観念した。「腰を掛けなさい」と言いながら、右に左にと歩きつつ、「君の悪戯《いたずら》は有名で先生方は手をやき…」と切り出したので〝きたなァ!〟と奥歯を噛みしめて身構えた。「しかしだ、よくよく君の家庭を思うに、早くお母さんを亡くし、その後に来たお母さんに、虐められ本当に可哀想だとの世間の噂だが、大変だったなぁ…」と校長は声をつまらせ、大きく息を吸い、ひと呼吸おいた。

その間、少年の脳裏には、継母との葛藤が駆けめぐった。校長はゆっくりと椅子に腰を掛け、「思えば継母とのうっ憤ばらしに、悪いと知りながら、やったことであると私は思うが、そうだなぁ?」と涙声で語りながら念を押した。校長の意外な言葉で救われた少年はグーッと熱いものが胸に込みあげ言葉にならず拳を握りしめて頷いた。

こんどは諭すように、顔を近づけ「ここでよーく考えてみなさい。君と幼児の妹を残して亡くなったお母さんは、世間でも評判の立派なお母さんでした。そこでだ、その後のことを考えてみなさい、君と幼児をかかえたお父さんは、途方にくれて、今のお母さんをもらったのだ」

(そう言われれば無理もないと思った)

「継母はたしかに他人だから君は争ったから虐められたと思うが、他人のいない家はないんだよ、夫婦は他人だよ、わかるだろう。

日本は本来は大きく和する大和民族といって神代の時代から〝和を以って貴しと為す〟の心で、国創りをしてきたのが日本の歴史で、その歴史を知って国家社会のためになる人間になるというのが、ここに掲げてある扁額の「温故而知新」で、古きを温たずね、而《しこう》して新しきを知る、という意味だ」

(少年はそういう意味かと扁額を見た)

そして校長は、語気を強く、「我々の先人達が、長い年月をかけて、営々と研鑽を重ねて積み上げてきた尊い伝統文化を、より充実し、より美しく、より格調高く、香り高い気品を添えて、次の時代に手渡すために歴史伝統を学ぶのだ。

日本の歴史を貫く縦糸は〝皇道〟で、国は皇国、歴史は皇道史、学問は皇学、武道は皇武で軍隊は皇軍という、大和民族の大和心は、人の喜びを我が悦びとなす母ごころで、それを至誠通天といい「誠」という、そして魂は武士道の大和魂で国を護ってきたのだ。

日本は教育勅語に示されているように『国ヲ肇ムルコト宏遠ニ徳ヲ樹ツルコト深厚ナリ…』という、威厳ある道義国家である。日本が世界に誇るのは、この威厳ある万世一系の皇道と恥と誇りの死生観に活きる武士道である。この縦糸の歴史を忘れた民族は、糸の切れた風船で、ただ本能のままに生きる動物と同じで、国が亡びる」

目を皿のようにして聞くのが少年であるのに気づいた校長は、笑顔に変わり、「ご免、ご免！ つい国を思いむずかしい説法になったが、人と生まれて飲んで食って垂れての製糞機のような人間になってはいけないよ」

（少年は二度三度と頷き、目が輝いてきた）

「物を作るのが人間だけで進歩発達の歴史を綴るが、動物には歴史がなく本能のままに生きる。子育ては自然の道で動物も人間も変わらないが、親孝行は人の道である。人間のみが知識があるから万物の霊長というが、その知識によって、自分の子供を虐めたり、時には殺したりすると動物以下となる」

（少年はなるほど、と思った）

「利点と欠点は相等しく、人間の利点は知恵があることで、それが欠点となって人間同士が殺し合いの戦争をする、これみな感情のもつれから始まる。

人間の本当の心は〝誠〟で本心良心といい泥棒にもあるから顔を隠し忍び足でくる、その悪いなあという心に克つことだ」

（なるほど！　泥棒が顔を隠す心が本心か）

「人間だけが神の立場や相手の立場に立って考える思いやりの心がある。いいかい、今君がやることは、お父さんの立場に立って考えることだ、お父さんは君と継母の間に立ってどれほど悩み苦しんでいるか」

（お父さんの心を思い、少年は涙を流した）

「こんな話をするのも亡くなった君のお母さんが草葉の陰から手を合わせて、私に頼んでいるような気がしてならないからだ。いいかい、人を立てると立てられる。人を愛すると愛される。嘘から出た実《まこと》というように、人の道の親孝行は嫌でもやっていると、どんなひどい継母でも感動する時がくる。それがお父さんや亡くなったお母さんに対する親孝行だ」

（亡き母のことを言われ、声を出して泣きたい心をこらえて拳で涙を拭った）

すると、「おー！　わかってくれたか、やはり私の目には狂いはなかった、長年教育をしてきた私は、数多い卒業生の中で君だけが将来大人物になる素質がある、しかし、欠点と利点は相等しい、一歩誤れば犯罪者にもなる、今が大切な分岐点だ、だからといって今すぐ親孝行は照れくさい、〝竹は節ありて強し〟、人生は節に活きる、卒業式を人生転機の節にすることだ」と、諄々と道を説く校長。

なかでも自分だけを特別に見ていたその心に、少年は机に顔を押しつけて泣き、先生のためには命まで捧げても惜しくないと思った。「男は泣くんじゃない」と、ハンカチを渡す校長も涙、涙であった。そして最後に「全校生の中で、君は大人物になるといっても、君だけ可愛がることはできない、だから鍵をかけカーテンまで閉めて話しをしたのだ。いいかい、このことは絶対人に言うな！　男の約束だ！」と強く言い、互いにかたい握手をして別れた。

少年は卒業式を転機に、世間でも評判の親孝行となり校長の予言どうり、大会社の社長となって世のために尽くした。またなぜかこの学校の卒業生は、各方面で大活躍する人物が輩出した。

さて、舞台が回って幾星霜、すでに白髪の老人となった元校長先生を囲む会が盛大に催された。その席上、かつて不良少年であった社長が発起人代表として壇上に立ち、卒業式一週間前、校長宅に呼ばれた時の感激感動をそのまま、「私はここで男の約束を破る！」と前置きし当時の状況を涙ながらに語り、

「私の現在あるのは、あの時の校長先生の一言のお陰です、もしあの時の感激感動がなかったら私はどうなっていたことだろう、思うだけでも戦慄します。私は今まで男と男との約束だと胸の奥に大切にしまってきたが、もうどうにも我慢ができない、ここで皆さんに告白することが、先生に対するご恩返しと思います。先生本当に有り難うございました」と涙を流し壇上から駆けおり先生と握手し涙に咽《むせ》んだ。

これを見ていた人々は、一瞬水を打ったように静かになり、互いに顔を見合わせながら、アッと驚きの顔となり「エッ！　俺も言われた」「俺もだ！」と、その驚きが、泣き笑いの感動の渦となって広がっ

ていった。

思えば、ある人は喫茶店で、ある者は自宅に呼ばれてと、時と処を変えて、一人一人の少年の心の中にある無限の可能性の命の力を引き出したのである。そして最後には、「男と男の約束だ！　他言はあいならんぞ」と、釘までさした校長先生の教育の見事さを思うにつけ、現代は知識、技術に偏より、点数で少年を評価し、まして聖職の教師が自ら労働者と卑下している戦後の教育の結果が、十七、八歳の少年犯罪を知るにつけ、この話を思いだす。乞願わくばこの一文が教育界に一服の清涼剤になれば幸甚。

日本曹洞宗開祖、道元禅師の『学道用心集』の一節に「機如良材。師似工匠」（機は良材の如く、師は工匠に似たり）との名文は、簡潔にして深玄明確、教育上における師弟関係の本義を説いたこれ以上のものは私は知らない。

この世のものは全て使命あり、曲がった木は柱にはならないが、曲がっているが故に重荷を受ける梁に使うと活きてくる。人また良材、悪童も統率力あり、毒も使い方で薬となる。瓜は瓜なれど、人は人に非ずの面白さ。

［一四］三大不幸

〝思考は人生を創り
　感情は運命を左右する〟（中村天風）

病い、貧乏、そして悩みは人生の三大不幸である。この三大不幸は人間だけである。その原因は、人間だけが「俺は人間だ」と思う心から、相手と比較対照する故に、不幸となる。動物は、俺は犬だ、猫だと一匹も思っていない。故に動物には病も貧乏も悩みも病院もない。大自然の摂理の本能のまにまに生きているだけである。また悩みがないから進歩発達の物作りの歴史はない。

身のまわりを見るだけでも大自然と人間の作ったもの以外はないと氣がつくはずである。そして物は何で作ったかと言うと、人間の心で作ったもので、その心は三大不幸となる原因と同じ心である。心がなければこの世のものは何もできてこない、とするとこの宇宙とは、〝心〟であると極論できる。

五分として止めることのできない空氣も、山川草木も、動植物から微菌も、神の想像の心で創ったものである。

その命の、地球は一瞬の止まりもなく時速一六六〇キロ、新幹線の八倍で自転し、秒速一万キロの速さで公転しつつ、日々是れ新たに、日々是れ新たにの清浄への変化と千変万化の創造の妙を奏でているように、この世は今と言うまに今はなし、まの字来たればいの字すぎゆく、のがこの世の命であり、また心もコロコロ、コロコロと流れている。

その中で人間だけが、神より創造の心を賦与されているが故に、日々新たなる心、今日よりも明日へと、進化と向上の創造の火を燃やしているのである。

車の渋滞の如く、氣の止まりが体の重体の病い、金の流れの止まりが不況の貧乏、心の止まりが悩みの三大不幸で、これ全て氣の止まりで、空氣も水も流れが止まると腐るように、今というまに今はない流れの中で、不動の実相が、宇宙は〝氣〟であり、今の〝ま〟であり、心の真実、即ち心の実相は「真」であり、人の実相は「間」であるから人間と言う。または真我とも言う。

その宇宙根元の実相の〝神氣〟の働きが進化と向上の心である。

その心の働きが、思考と感情で、恩師中村天風先生は、「宇宙根元の氣は無情にして鋳型通りになる。人間の鋳型は〝思考〟で悪く思うと悪くなり、善く思うと善くなる」。

故に〝思考は人生を創り、感情は運命を左右する〟と、お教え給ふ。

この幽玄微妙な心のお陰で、月まで行くほど物質文明が進歩し、豊かな生活の中で悩み苦しむのも同じ心である。

一日に一度の眠り、一生に一度の永眠を神は公平に与え給ふ。されば、夜寝ている時は、氣によって生きているが、病も貧乏も悩みもない、眠りから覚め、意識する心によって悩む。

それ故に幸も不幸も心一つの置き処で、三大不幸が一転して幸福となる。

氣の止まりが死であり、夜の目覚めに対し、心の目覚めが悟りである。

こうして書くのも心で書いており、手やペンで書いているのではない。本の善し悪しも書く人の心の善し悪し。本は社会の木鐸《ぼくたく》にして済世の方便、しかも今は亡き人と会えるのも本のお陰である。

数ある本の中で両手のない大石順教さんの書いた『無手の法悦』（春秋社）は、涙なしでは読めない本で、五体満足でも世をはかなみ、命を絶つ人もある中で、十七歳の時、大阪で芸者六人斬りの巻添えから両手を切られる災難にあっても、その人をうらまず、天を呪わず、幾多の挫折にも屈せず、常人もおよばぬ道を切り拓いてきた。その生きざまの人生の達人の大石順教尼を思うに、襟を正して拝みたくなる。

その本の中の一節を、霊界の大石先生に合掌し、要約することをお願いして書くに、仏画を描いては第一人者の木村武山先生が、病のために右の手が使えなくなられ、見舞いにこられた大石順教先生に、

「私はとうとう画が描けなくなった」と申されたら、それを聞いた順教先生は、

「木村先生ほどの大家がただ手先のわざで絵をお描きになったのではありますまい。春夏秋冬の美しい大自然は神の芸術、それをより美しく描くは、人間の心の芸術、その技と術の修行による天分は、手の先や、絵筆を道具に使って表現されるもので、手や筆で描くならば誰もが描ける。描くのは本体の心、人格や天才の神人一如の心で、使えないのは道具の右の手だけではありませんか！」

「ウム！」

「左の手は病まず残っているではありませんか、私は両手もなく、口で描くことを習って、習って描くようになりましたが、先生はいまさら習わなくとも、すっかり心は磨かれ、天分の芸術の心をお持ちになっておられるではありませんか、なぜなぜ左の手をお使いにならないのですか！」

「ウム！ そうであったか、よく言ってくれました」

と言ってその場で一氣に左の手で、見事なダルマを描いたのが、有名な木村武山の〝左ダルマ〟として世に残った。

この一節で、合氣道の武技や武術を行ずる私として、心の修行による武術から武道への道を示唆された。

一言時に一生を救う。

人生とは出会いであり、一瞬一瞬大自然や環境、そして人との出会いの中で生きている。その出会いの中で、師と友と本との出会いが、心の目覚めとなり生き甲斐ある人生を歩む。

古来「三年稽古するよりも、三年師匠を探せ」と言うほど、師の影響は大である。

この世は神と人の心の世界と言うと、今の人は唯物史観の理屈の世界でマインドコントロールされて、目に見えないものは信じない医者や科学者が多い。その時その人の顔を捻ねると「痛い」と言う。自分の顔は永久に見ることができないが痛いと感ずることは、見えないがあると同じで、神仏によって生かされている。

現にこの世に生まれることが、理屈ではない、時代や国に男女の別、貧富の差に親を選ぶこともできない冷徹な事実にたっている。

この偉大な力を科学では〝サムシング・グレート〟と言うとは遺伝子の研究者の村上和雄先生である。神道では「お陰様」と言う。

また人間の心は、光より速く宇宙より大きく、また心ほど小さなものはない。

太陽を思った瞬間、太陽の距離を往復し、宇宙を思考すると宇宙を包む大きな心が、感情のもつれから争いとなる小さな心となる。

その光より速い人の思考を、加速学園の工学博士でサイ科学会の名誉会長関英男先生は、科学では〝グラヴィトン〟といって証明された。

しかも先生は〝洗心〟と題して、常の心は強く、正しく、明るく、我を折り、宜しからぬ欲を捨て、皆仲良く相和して、感謝の生活をなせと、またご法度の心として、憎しみ、妬み、嫉み、恨み、呪い、怒り、不平、不満、疑い、迷い、心配心、咎めの心、いらいらする心、せかせかする心を起こしてはならぬと。(『心は宇宙の鏡』　関英男　佐々木の将人共著　威星出版)

思えば〝洗心〟は神社の入口の手を洗う〝洗心所〟であり、村上和雄先生の、遺伝子の螺旋状は、神社の三本じめの〝しめ縄〟であり、遺伝情報の四つの化学文字A、T、C、Gは、神道の一霊四魂、和魂《にぎみたま》、幸魂《さちみたま》、奇魂《くしみたま》、荒魂《あらみたま》であり、螺旋の流れは朝昼晩と同じことをくり返しつつ、一年三百六十五日を春夏秋冬の四季に変化して悠久の時を刻む。

また人生に四季あり、春は青春、夏は壮年、秋は稔の熟年、そして冬の終わりの死。

されど春に逝く者ありの人の世の中、生きている以上は半生で、一瞬の死が残りの半生で一生となる。

しかも毎日避けて通うれぬ、寝て起きて飲んで食って垂れての生活に神ありの通過儀礼の祭りにして、また毎日やらねばならぬ雑務こそ神務なりの神道の心と道は、敬神崇祖、親孝行をもとに何事にも感謝の生活である。

科学と神道は融合する。

遺伝子は、米一粒の五十億分の一の重さの中に、なんと百科事典千冊分の情報、六十億が書きこまれているという。

科学者は今やそこまで解明している。その科学者の脳は誰が創ったのか、偉大なるサムシング・グレート、いや「お陰様」である。しかもこの遺伝子情報は、神道の清明正直の心、感謝の心、そして笑いによってスイッチオンとなって運命が拓くという。

神代以来、変わることなき日本の心と道が、私の尊敬する関英男先生、村上和雄先生によって科学で証明された。

洞察するに、動植物の生命維持機構の摂理は驚嘆の一語であり、神理は感謝と笑いの明るい心で運命は拓く、神理は簡単であるが真理は深い。

この世は心である。人の心が変わると世界が変わる。地球は傷ついている。自然は荒らされている。美しい神の心の人の心が美しさを失っている。声を大にして言いたい。

明るくなければ人生じゃない、笑え。

〔一五〕招待旅行

台風十一号通過のため、新幹線が静岡で約一時間ストップしている間、読者からの質問を読み、それに対する答えを書きながら窓外の嵐を見、ふと明治天皇御製を思う。

嵐ふく世にも動くな人ごころ
　巌に根ざす松のごとくに

質問は神奈川の人で、会社を経営しているが仕事が減り、やりくりが大変な状況であるのに、仕事以外にも次から次と問題が生じ体も心も休まる暇がなくイライラしていますが、トラブルに直面した時、ドッシリと心が落ち着く方法を教えて下さいと言う質問である。

そして今、台風一過の大阪城を眼下にするＫＫＲホテルでペンを走らせている。昨日の台風と明治天皇御製を思い、我が色紙の一つ「雨洗風磨」に

ふりかかる雨と風こそ恵みなり

道の深さも苦に耐えてこそ

とあるように、台風はタダで海水を真水にして日本に運んでくれる有難さ、それの受け方によって善悪となる。

武道における初心者の稽古はまず受け身の稽古から始まる。受け身ができなければ、怪我や死亡事故となるときがある。

かくの如く受け方であり、大自然の台風も空氣も太陽エネルギーもただである。太陽から月末に集金にきたり、銀行振込みの話も聞いたことがない。太陽も水も風も受け方によって太陽発電や水力発電、風力発電となり大地を潤す。

人間の体は大自然のエネルギーを受ける器で空氣や水や食物を受けて働く。夜は充電中であり、また駈足等で氣を使うと呼吸が早くなって充電するように健康の健は動く建物の健体であり、康は康心で心で受け方を学ぶ。

されば神はその人にその人が必要なものを与え給うと肚を据え、貧乏を直さず、貧乏で自己を鍛え、病いを治さず、病で自分を直す、悩みも自己を磨く砥石なりとの康心が大切である。

私ごとであるが、十九歳の時、事故で左の目を失くしたことから発憤し、色々な道を学んだ。それ故に三月九日の事故の日は、私の左目の供養の日であり、感謝の日である。

古来、日本の文化の一つに針供養や筆供養、そして先祖供養があるが、それは感謝の祭りである。

この世は持ちつ持たれつつで、風が吹けば桶屋が儲かる譬言、世の中に一つとして無駄がない。例えば、嫌なゴキブリもゴキブリ殺虫剤の会社は、ゴキブリのお陰で社員やその家族まで生活している。ゴキブリ様々であろう。魚屋は年に一度魚供養や、肉屋さんは肉供養をしているように、洋服屋の恩人は人間の裸であり、医者は病人のお陰、警察は泥棒や悪者のお陰であるように反面教師である。

組合とは組み合わせで、社長は社員のお陰、夫婦喧嘩は相手がいるからで、相手は愛手で、夫婦は一心同体、夫が金持ちで妻が貧乏ということはないように、社長と社員は運命共同体の康心がお互いに頑張って不況を乗り越えられる。

　枝も葉も幹も根もまた共々に
　　捧げあいてぞ花は咲くなり

である。

質問のトラブルであるが、旅をするとトラブルがあるからトラベルというように、トラブルをどう受けて自分の人生の糧にするかである。

何もない人生はない。思えば人は皆、あの世から、この世に招待旅行である。

旅人と難民の違いは帰る所があるかないかであり、もちろん人生の帰る処は、あの世であるが現実は我が家である。その我が家が親子や夫婦仲が悪く、寝に帰るだけの人も一種の難民である。

今大阪を旅し、ホテルの十二階でコーヒーを飲みながら原稿を書いている。招待旅行者でありながら、ブツブツと不平を言ってもフケーキはうまいケーキになるでなし、不平は尻で物を言うフ屁で、フ屁の口害で空気が汚れ、招待旅行の人々の観光の迷惑となる、と筆が走る。

目を転じて、眼下に大阪城を一望、内堀や外堀、木々の緑を眺め、ふと天下人豊臣秀吉も、城の中に入れば美しいお城も見えず、しかも現実只今の生活は、立って半帖、寝て一帖、天下を盗っても四帖半か。

今借りているホテルの一室で生活は充分、寝てしまえば高級ホテルも駅のベンチも変わりなし、このホテルも私が経営すると大変である。大阪に来た時だけ借り、借りている間は私のもの、ホテルの支配人も入れずの現実を楽しむ。重い荷物は宅急便、新幹線も乗る時だけ頼めば席を取ってくれる、料金も給料と思えば安い。

「今何時何分何秒ですか?」と聞かれても秒針が時を刻んでいるから絶対に答えられないように、今、今、今の連続で、その今を楽しまなければいつ楽しむべきや。

労働は苦痛だが、仕事は楽しい。仕事以外の問題も自己を磨く砥石と思えば楽し、問題は数学の如く解決するためにあり。

そして現実只今は、自分に近いもの程大きく、遠いもの程小さい。他国の戦争よりも、隣の火事のほうが大きい、その現実只今を救うのは、金や物そして言葉である。

今言葉を文字にしているが、解決するのはあなた自身である。

あなた自身に最も近いのは、妻や子供であるが、あなた自身そのものが一番近いあなた自身そのものである。その証拠に妻とは離婚することあり、親子とて別居することもあるが、あなた自身は灰になっても離れられない。そのあなたは、あなた自身を愛さないで嫌いであるなら、誰が嫌いなものを愛しますか。汚いゴミは誰もが嫌いと同じで、嫌いな自分を愛してとは、少し虫がよい話である。

思えばこの体、飲んで食って垂れて、寝て起きて息をしているだけで生きている、不思議な不思議な体である。

そしてこの心は思い、考え、また記憶する。目で美しい大自然を、耳で音楽を楽しむ。

どこもどうもない、ちょうどよい大自然の恵みを忘れ、貧乏人に生まれたから、学歴がないからと劣等感で自分を愛さない人がいる。

神道では、朝な夕なに鏡に写る自己自身に感謝することを自霊拝と言う。直我の魂の道具である心と体を誉め称える自霊拝を行ずると、心と体は喜んで運命を拓いてくれる。これをお祝いの言葉〝祝詞〟と言う。

人間以外の動物は完成された動物で〝蛙の子は蛙〟であるが、人間のみは未完成動物で、無限の可能性を秘め、すでに月まで行く程文明が進歩している。

多くの人は固定概念に縛られて、一歩も出ない。眼下の大阪城を築いた太閤秀吉は、子供の頃は乞食同然の日吉丸である。トラブルこそ無限の可能性を引き出すチャンスである。あなたの質問から具体的なトラブルは判らないが、人は歴史や先人に学ぶ。

我が師中村天風先生の師、頭山満翁は、立っている時も歩いている時も、人から「先生は今何をなされていますか？」と聞かれた時、即座に「座っている」と必ず口癖のように言っていたと言う。

漢字は感字で、肉体の肉の字は人が二人で、上の人は額の心で、金額の額でもあり、金カンジョウと心のカンジョウの直接意識する顕在意識であり、下の人は臍下丹田にある意識することのできない、無意識の意識の潜在意識で、魂の性格で、歩くのも、車の運転も、この潜在意識である。「心にもないことを言いました」と言うが、潜在意識にあるから言うのである。

トラブルに合ってもドッシリと構えられるには、常に「座っている」と口癖に言うようにしていると、それがあなたの性格となり、落ち着いた人物となる。座るという字は、横に人が二人であるのも深い意味がある。

また何かあったら、即座に手の小指を締め人差し指を軽く出し、肛門を締めると落ち着くようになる。人差し指を握ると上がってしまう。落ち着いている姿と笑っている姿は同じで体はリラックスし肛門が締まっている。笑いは神の神薬で、意識的には笑えない、笑いは自然である。まさに笑う門に福来る！である。

私は頭山先生の「座っている」と「驚いても間に合わない」との二つの言葉を口癖に、小さなものが落ちてもすぐ言うようにしてきたお陰で、妻の急な死に直面しても落ち着いて処理できた。

乞願わくば、朝と夜寝る時に、鏡に向っての自己自身に対する感謝の自霊拝と「座っている」と「驚いても間に合わない」と口癖に言うことを、強く強くお勧めする。

天下の名城大阪城を眼下に、心は空を翔け神奈川のあなたを思い、筆の走るにまかせての招待旅行の一節もビザ切れとなり候らへば、一件落着と筆を置く次第。

〔一六〕ザ・親父

〝親になるのは易しいが親であることは難しい！〟

愚息、暢榮《のぶよし》の『ザ・親父』（ＫＫロングセラーズ）という本が「親を考える会」（代表近藤昌平）から出版され、多くの著名な方々の中で、紙面を汚している。

公的な『合気ニュース』に私的なことを書くは恥と知りながら、敢えて愚息の文と共に我が親父のことを筆にし、多少なりとも参考になればと存ずる次第である。

申すまでもなく、私と親、私と日本との関係は如何ともしがたき自然的事実にして、一大事因縁である。

この一大事因縁を道義化し、精神化することが、人間の人間たる所以である。

洞察するに、人の一生は永遠から永遠に流れる普遍的生命たる霊魂の一節にして、継承的歴史の〝中今《なかいま》〟に立ち、今、今、今の一瞬一瞬の〝ま〟に生きている。

古来日本の武士は〝軍人《いくさびと》〟と言い、民草を生かす〝戦〟で道と道との戦いである。

それ故に「我こそは……と先祖代々の名を称えで何々の何がしと名乗り、いざや尋常に勝負！」と申す。

この流れから今も住所は、都道府県から始まり、氏が先で名は後であり、道なるが故に縦書きが基本であり、敬神崇祖、親孝行が生活の基本である。

なぜならば、万世一系に流れる永遠の祖先の中で一人の祖先が断絶したら、今の私はこの世に存在しないからである。

かくの如き日本文化に因んで〝我こそは……〟と申し上げるに、

我が佐々木氏は、第五十九代宇多天皇の後胤宇多源氏にして、今の滋賀県近江の國を発祥の地となし、出雲國はもとより、四國、九洲、そして関東、東北の各地に鎮護の任務を仕へ奉り、建久元年（一一九〇）近江守護に任ぜられ、滋賀県蒲生郡の安土に「沙々貴神社」を創建し、少彦名命、仁徳天皇、宇多天皇、それに敦實親皇（宇多天皇の皇子で佐々木源氏の祖）を祀り、佐々木氏の総社として崇敬され、十月十日を例大祭となっている。

因みに日露戦争の武将、乃木希典大将も、佐々木家から出ている。

そもそも東北は山形の米澤藩に定着した我が佐々木家は先祖代々屋敷地に、薬師十二神将、少彦名命を祀り、旧暦の九月十九日を例大祭日として、代々祭りを執り行い継承されている。

我が人生山河の流れを回顧するに、零落《おちぶ》れた家柄と言えども、血は水より濃しか、昭和三十六年、三十三歳の時、若気の至りからスパイ学校を設立したり、一人一殺のテロ組織も企画して物議を醸した。

思うに人生はシナリオのないドラマにして、時の流れは〝ビックリ箱〟、何が出るか、十九歳の時、爪楊枝大の釘が飛んできて左の目に突きささり、一瞬にして独眼竜となった。

将に一寸先きは闇の世の中である。

我が人生のシナリオを誰が台本を書いているのか、つらつら思うに、我が意に反して合気道師範になり、また台湾で山蔭基央先生との出会いから古神道の山蔭神道の神官となったことも不思議な神縁としか考えられない。

その上、フランス政府文化庁の招聘で「人間性回復」の神道教授として昭和五十二年と六十年に渡仏して教鞭をとってきたことや、また昭和五十八年、東京ディズニーランドの開設に際し、神官として、日本刀の剣祓いでお祓いしたことも、人智では考えられない。

しかも学者でもないのに、すでに十数冊の本を書いて出版したことは、書いたのではなく祖先によって書かせられたのである。

〝ご縁尊し〟、その節々に、すばらしい友や本、そして師匠との出会いがあったのも祖先のお導きである。

小さな石は躓くから気をつけろ

この世に生を受けて最初の出会いは親である。

我が親父の言葉の一つに「大きな石は避けて通るが小さな石は躓いて怪我をするように小さな約束は守れ」と。一億円あげると言っても誰も信用しないが、千円あげるという小さな約束は信用する。

それもつい忘れてしまうが、相手はいつ貰えるかと思いつつも少額故に催促するとケチと思われると心に残り、小さな約束不履行から信用を失う、まさに小さな石は躓いて〝ケガ〟をする。

父母は明治、大正、昭和の激動の時代を生きぬき、その間病から財産を失い、三軒あった家の母屋を人に貸し、我々は土間に米の殻の籾殻を隙間なく撒き、その上に筵《むしろ》を敷いた馬小屋同然の中で育った。

貧乏なるが故に、七人の子供には尋常小学校だけの教育であったが、陰では他人の義兄に東京外語大卒業まで、少しとは言い仕送りして育てたという。

その事を戦後もしばらくしてから初めて知り、内心憤懣を秘めて、親父に詰問したら、たった一言「男の約束だ」と言った。

その義兄は、大東亜戦争中マレー作戦で、シンガポール陥落の際、山下奉文大将の「エスかノーか」の時の通訳の一人である。

その父は七十二歳の時、左腕切断の交通事故にあいながら、自ら処置して病院に向かい、しかも車のナンバーまで知っていたという、何事も毅然として動じない胆甕《たんかめ》の如き豪氣の生き様は、七人の子供から孫へと減ることはなき心の相続を残し、「世の中は見飽きた」との言葉を最後に悠々と九十二歳の生涯を閉じた。

明治の人、佐々木の将人

佐々木暢榮《のぶよし》（神官）

今は亡き母は、昭和一桁辰年生まれの我が父を「明治の人」と言う。思想言動は勿論、国内はもとより海外でも着物姿の父はまさに明治の人である。

子供の躾は「朝の挨拶、ハイと言う返事、後始末」の三原則を厳しく言われ、それを破ると、父から無言で冬に水風呂にぶちこまれた思い出は忘れられない。

また「欲しいものは買うな、必要なものは買え」で、居間には「質実剛健」と大書し、質素な生活、高邁な思想と讃した家訓が掲げられている。これは父の故郷山形の上杉鷹山公の「興譲精神」の思想からで、結魂した時に書いたものである。

また父は常に国のことを優先し、昭和三十年代後半、日本の将来を憂い、スパイ学校を設立したり、同四十七年には台湾支援に奔走するなど、本来国がやるべきを、子供の進学資金まで使うという八方破れぶりである。

一方、人が困っているとほうっておけない性分であるとともに「与えた恩は水に流し、受けた恩は石に刻め」との古武士的考えで、そのつど〝男はロマン、女はフマン〟か、と人を笑わせては母を苦労させていたという。

そして今、父と共に生活し人生相談等を近くで聞き、「悩みとは取り越し苦労か消極的観念かの二つしかない。すべて体験だ。どうせ人間いつかは死ぬ。だから人と生まれての志は非常に大切であるが第二義的だ。第一義的生き方は、一瞬一瞬の『中今《なかいま》』を明るくプラス思考で考える。病気も怪我も感謝、感謝で生きると運命が拓く様に宇宙真理が出来ている。また驚いても悩んでも全て間に合わないと肚を据えて不動心を練ることだ」と恩師中村天風先生の教えを実践し、人に力説しているのを息子として横で聞きながら〝なるほど〟と思う。

子供の頃は好きになれなかった父であったが三十歳を過ぎ、共に生活すればとかく「来てみればさほどでもなし不二の山」なのに、人生の極意は姿勢と間合いで何かあるのが人生だ。それを一ッ一ッまた一ッと解決していく。だから逃げるなとも言い、日本人の行動哲学は「恥と誇りに生きる」武士道精神だと実践しているその父を、「明治の人」と誇りと諦めの言葉で母が評価していたことが今理解され、父としてまた師と仰ぎ、神武一道の行を生活の中で修行しつつ、古神道の神官と合氣道を継承している次第である。

〔一七〕一体全体

一体全体！　今の日本はどうなっているのか！　政治家に、官僚の奢りたかぶりに、腐敗堕落教師や警察官等の不祥事件、企業や経済界は日本を一体全体、どう思っているのか。日本の企業でありながら、儲かればいいと、日本を捨てて、日本が誇る物作りの繊細なハイテクの工場まで中国等に移転し、その製品を日本に輸出するとは、一体全体日本人か。

物作り日本のメイドインジャパンはなくなり、日本が亡びるは目に見えている。国の本は農にして、食こそ生命なのに、食に対する添加物、それにまた雪印の偽表示等、一体全体、誰を、何を信じていいのか。思うだに吐き気を催す。

「一体全体」とは、「一即全、全即一」で、一体は個人、全体は国家で、個人も国家も運命共同体で、個と全との一体全体は不可分の関係である。

それは小にしては家庭の親子、会社に於いては社長と社員は運命共同体であるように、親あっての子の如く、国あっての国民で、国が亡びたら国民の幸せはない。

自分の顔は自分では見えないように、親は子のために、子は親のため、社長は社員のため、社員は会社のためが平安の組織である。

それ故に、我等は日本に生まれ、二度と繰り返し難き生を日本人として享け、継承的歴史の中で多くの人々と際会している。

されば、国の大小、時代の順逆は問うべきではない。

私と親の如く、我等と日本との関係は一大事因縁であり、如何ともすべからざる自然的事実であり、同時に形而上的事実である。

この一大事因縁を究明することによって、吾れとは何ぞやの窮極の自己を体得する。

人体と国体というように、人体の頭や手足や内臓の五臓六腑に七十兆の細胞まで、一糸乱れず生命のために働いている。

されば、国体たる日本の生命は皇道であり、歴史は皇道史にして、それに参与する学問は皇学、武道は皇武にして、軍隊は皇軍であり、国は皇国で我等の生活の一切が体の細胞の如く、国体の生命である。

皇道に参与することが、とりもなおさず一体全体の運命共同体としての意識的生き方が、人間としての人格形成であり、有限なる人生に於いて、無限なる自己人生を価値高く実現してゆく道である。

一体全体の一体の自己とは何ぞやの自己は、永遠の祖先あっての自己であるように、自己も全体の国家も万世一系を継承している自己であり、日本国家である。

宇宙構図は独楽がフル回転している姿であり、日本国家も個人の家系も一本の縦軸の万世一系こそ生命組織となる。夫婦別姓は人間としての家庭ではない。

人間の人間たる所以は、継承的歴史に生き、進歩発達の歴史を綴る。それ故に、自己自身の祖先の歴史に、国の歴史を忘れた民族は亡びると言う。

我が国は、何万年の神代の歴史を経て、神武天皇が紀元の節を定め給いし以来、数えて二六六二年、万世一系の天皇を中心に歴史伝統文化に言語をひとつにして、連綿と継承してきた、世界に類例のない一民族国家である。

人は動物に非ず、人に志あり、家庭に家訓あり、学校に建学の精神、会社に社訓ある如く、我が日本は、「国を肇むること宏遠に、徳をたつること深厚なる」威厳ある肇国の精神を基に、修理固成の国創りをしてきた道義国家である。

そして一旦緩急の国難に際しては、公けに殉ずる武士道精神を以って、国民が一致団結し、国を護ってきたる故に、現在の日本がある。

日本が世界に誇るものは、万世一系の皇道と武士道である。

極東と海に囲まれ、純粋培養されてきた和の国・大和民族の歴史上の国難は、文永と弘安の蒙古来襲である。

弱冠十八歳、時の執権北条時宗は、無礼なる国書を持つ使者を相模の竜の口で斬り、十万余騎の蒙古軍と戦い、世界無敵の元軍の野望を絶った。二度にわたる天祐の暴風雨によることもさることながら、鎌倉男子ここにありの武士道精神と、国論を統一しての愛国心によるものである。

また二十世紀の初頭の国難は、ロシアの南下政策に対し、「座して植民地になるよりも、一矢を報いて死中に活を見い出す」と、国民が一致団結して戦った日露戦争は、戦略戦術を駆使して勝ち、白人に非ずんば人に非ずの植民地に喘ぐアジアの人々に独立の火を点した。

そして、新渡戸稲造の武士道の本と共に、「昨日の敵は今日の友」との水師営の会見の歌の如く、戦争の中でも数々の美談を残し、世界の人々に武士道ここにありを広め、日本即サムライのアイデンティティを植え付けた。

有色人種日本が白人に勝ったことから始まる日本虐めの数々の圧力に対し、ついに堪忍袋の緒が切れた大東亜戦争の国難は、やむにやまれぬ大和魂によって幕は切って落とされ、その勇猛果敢な戦いに、アメリカを震いあがらせた。

また敗けたりと言えども、アジア民族の解放の目的は達し、しかも敗戦に際し、陛下の「終戦詔書」のお言葉ひとつで、アジアの各地に点在する将兵が、一発の銃声もなく終戦処理されたことは、世界歴史に特筆すべき誇り高き武士道精神の事実である。

かの英国のラフカディオ・ハーンやフランスのポール・リシャールにアインシュタインが讃美した美しい神の国・日本、義理人情の国・日本、恥と誇りに生きる武士道の国・日本と絶讃した日本は一体全体どこへいった。

〝こんな日本に誰がした〟

恥と誇りに生きる武士道の恐るべき日本を弱体化するために、敗戦後四ヵ月の十二月には、「教育勅語」の廃止、武道の禁止に、神道指令によって、日本の根幹を崩した。その後は三S主義（スポーツ、セックス、スクリーン）を蔓延させ、骨抜きにした。

その結果、一体全体としての連帯感の国歌・『君が代』も歌わず、日本人としての自覚と自己自身を鼓舞して人から人間となる儀礼歌の「一月一日」の年の始めの歌や、「紀元節」、師弟関係の道の、『仰げば尊し』に『蛍の光』等は、日本人なら誰もが歌っていたのが、今の大人も知らない。

思うに、明治、大正、昭和の実業家・渋沢栄一（一八四〇〜一九三一）は、「この仕事は儲からないが、国のためになるからやれ」と言ったという和魂商才の大和魂の人物。

一体全体の国家意識がないと国は亡びる。

無国籍企業と化した企業家よ、恥を知れ。

人を評価するに三つあり。

一　なくてならぬ人
二　いてもいなくともよい人
三　いないほうがよい人

城は内から壊れる譬《たとえ》、人体内の癌は、切って捨てるが如く、国体内の癌の如きいないほうがよい国賊は、一人一殺の〝天誅〟による浄化作用を必要とするほど、今や日本は累卵《るいらん》の危機にある。

『日本人に謝りたい』（モルデカイ・モーゼ　日新報道）を書いたユダヤ人の懺悔のように、かつての日本は、世界の範となるべき神の創りし素晴らしい平和な家族国家日本である。

二十世紀の日本の使命は、日露戦争から大東亜戦争まで、公けに殉ずる武士道によって人種差別をなくしたことであり、敗けたりと言えども、神風特攻隊の恐怖による浄化作用で皇道は護られ、今なお外国の人々の心に日本即サムライが生きている。

二十一世紀の使命は、武士道の、大和心の、穏やかで親しみ融け合う情熱の思いやりの心で世界を結ぶのが使命である。

人の一生は棺を蓋《おお》いて事定まると言う如く、生きているうちは半生で、一瞬の死が残りの半生で一生となる。

人生の締め切りは、死であるが故に、武士道とは、〝明日〟死ぬという次元に立って、今日一日、今日一日を価値高く、生きて、生きて、生き抜く死生観こそ武士道であり、その武士道の復活こそ世界を救うと、心から祈り、締め切りとする。

［一八］ノアの方舟《はこぶね》

東海道新幹線の岐阜羽島駅を過ぎ長良川を渡ると、右に巨大な舟が見えた。

一瞬、〝ノアの方舟〟と閃いた。三洋電機の「ソーラーアーク」というクリーンエネルギーの太陽光発電システムである。

ノアの方舟とは、旧約聖書創世記の洪水物語に出てくる舟である。

その物語は、創造主に反逆した人類に怒った神が大洪水で裁こうとした物語で、人は、神によって生まれ、神のお陰で生かされ、神と共に生きる神人和楽の包摂《ほうせつ》の原理を忘れ、感性の道具の知性に走り、理性による科学の美名に眩惑され、神の分けみ魂の本心良心の徳性が隠れ、事に臨んで利を争い、義を忘れて共に仇視《きゅうし》の仲となり、殺人、強盗、かっぱらいが蔓延し、その結果道徳と秩序の乱れから生命の原点の家庭は崩壊。社会は鍵のある生活となって人を信ずることが出来ず、ひいては民族間や国との戦争となって人類は道を失った。

――現在はまさにそうである――

その乱れに乱れた世相の中で、一人ノアのみが神を敬い祖先を崇める敬神崇祖の心から、神は「方舟」を作るように命じ、ノアの家族と動物たちの一組の雄雌のつがいを入れるようにと言い、約百日の大洪水を起こし、方舟の中以外の動物は皆死に絶えた。

それによって、ノアは新たな人類の祖となった（大洪水で殺すこと自体が争いの文化で日本的ではないが）。

さて、そのノアの方舟が漂着した山はアララト山とされ、トルコとロシアの国境にある標高約五千米の山である。

日本の五千円札の裏の湖に映っている逆さ富士は、富士山でなくアララト山であるという。

嘘か真か？　五千円に五千米、それにノアの方舟が漂着した日は七月十七日で、京都の祇園祭の日が七月の十七日で、中心の八坂神社は山鉾と共に現に船鉾も引き廻す祭りで、これは方舟か？

しかも八坂とは、古代ヘブライ語で、〝神よ〟と叫ぶ言葉であり、八坂はヰヤサカで、本来大和言葉ではヰは音なしのヰの（ヰ）ヤサカで、イヤサカの弥栄となるのか。

祇園は、シオニズムのシオンがギオンとなったのか、シオニズムは十九世紀末、ユダヤ人迫害からヨーロッパに起きたユダヤ人の国家建設運動のことで、一九〇五年にシオンの議定書がはじめて世に出て、全世界に恐怖と不安に満ちた一大センセーションをまき起こした怪文書である。そのシオンが祇園か、私の考えすぎか、奇々怪々である。

さて、参考までに、第一の議定から二十四の議定まであるシオンの議定書の第十三の議定の中の一節に、

「……彼らに事情をさとらせないために、我々はさらにマス・レジャーを盛んにする。我々の新聞で芸能、スポーツがもてはやされ、クイズも現われるだろう。これらの娯楽は、我々と政治闘争をし

なければならない人民の関心をすっかり方向転換させてしまう。こうして人間は独立してみずから思索する能力を次第に失い、すべて我々の考え通りにしか考えられないようになる……」と。

今の日本人は百年前の議定書の戦略通り、芸能、スポーツにうつつを抜かし、テレビはクイズ番組、マンガやテレビから哲学的思索する思考能力がなくなった。

シオンの議定書を知る世界の知識人たちは、これは世界征服綱領であると恐れた。

日本の五千円札のウラに謎めいたものが隠されているように、世界の歴史のウラには、世界征服の戦略戦術が一貫して流れているように見える。

一七八九年のフランス革命は自由と平等という矛盾の言葉に騙されたり、一八〇六年には神聖ローマ帝国の滅亡、第一次、第二次大戦、それに現在の不景気、そして日本の金融機関の崩壊に、ペイオフによって日本国民の膨大な貯蓄を引き出そうとしている等々、なにか空恐ろしい見えざる力が見え隠れする。

さて、ノアの方舟から人類の祖となったノアの息子のセムは、アジア系民族の先祖で、古代イスラエル人と日本人もその流れであるという。

そのノアの息子セムから千年後、テラの子アブラハムが生まれ、アブラハムの子イサク、そしてその子ヤコブと続き、ヤコブは双子の兄エサウを騙し長子権を奪い、天使と格闘して敗れたが、神の祝福を受け、イスラエルと改名、十二人の息子を授かり、十二人がイスラエル十二部族の祖となった。

古代イスラエル人、即ちユダヤ民族は、神エホバを絶対信仰の神としながら遊牧し、一度は現在のパレスチナの地に落着いたが、南方に遊牧した時、エジプトのパロのもとで紀元前一五五〇年から一三二〇年の約二〇〇年間、奴隷生活を強いられた。

その間に生まれたモーゼは生後三ヵ月の時、葦舟に乗せられてナイル川に流されたが、エジプトの王女に拾われ皇子として育てられた。

ところがモーゼ四十歳の時、自分はユダヤ人であることを知り、民族愛に燃えて争ったことから王に責められ、シナイ半島のミデヤンに流され、四十年間羊飼いの生活となった。

そしてモーゼ八十歳の紀元前一三二〇年に神の声を聞き、エジプトに帰り、奴隷生活に苦しむ三百万人のユダヤ人を連れてエジプトを脱出した。

これが旧約聖書「出エジプト記」で、東へ東へと移動して紅海に出た時、パロの軍隊がそれを知り馬で追いかけて来た。

右往左往する民衆の中に立ったモーゼは神の指示に従い、杖を紅海に伸ばせば、突如として神風が吹き始め、海はたちまち裂けて水の垣根となって道を作った。

その海の底を渡って対岸に着いた時、海はゴーという音をたてて再びもとに返り、後を追いかけてきたパロの軍団は海の藻屑となった。

エジプトから脱出したモーゼたちは、昼は白い柱を目印に、夜は赤い火の柱による神の導きによって約束の地カナンへ導かれた（アメリカの星条旗の赤と白はこの伝説によるもので、十三本は独立時の十三州である。ゆえに星条旗は縦に揚げるのが正規である）。

長い旅から三百万が四十万人となった民衆を残し、一人シナイ山に登ったモーゼに対し、神エホバは「十戒」を授けたが、荒野放浪から疲労した民衆は、神を疑い十戒を信じなかった。

民衆から信用を失ったモーゼは、十年間その地を離れたが、その間日本に来たとの伝説があるが、これは単なる話である。

民衆はその間神より与えられた〝マナ〟を食して生きていたというが、マナとはどんな食物かと調べていた時、ふと〝マナが悪い〟との言葉から、神の法を守っていたのかと閃いたが、私の感性である。

そして再びモーゼが現われ、十戒を示してイスラエル帝国を建設した（映画『十戒』より）。

その後アブラハムの子孫からイスラエル王国第二の王のダビデが生まれ、近隣諸国を征服併合、統一王朝のユダヤ王国を建設、エルサレムを首都と定め、十二種族の宗教連合の中心的な聖所を設けた。

メシアもこの系譜を継ぐものとされた。

ダビデの子ソロモンは英邁な智恵者で未曾有の繁栄を築き、エルサレムの神殿を建設し、四隣を圧したが、他方民衆の不満を招き、紀元前九五三年、ソロモンの死後、北のイスラエルと南のユダヤに分裂した。

六光星はダビデで、五光星はソロモンで、世界の軍隊には五光星が多い。

そして紀元前七二二年、アッシリアによって北王朝のイスラエルは滅ぼされ、北十種族は忽然と消え、世にいう失われた十種族であるが、紀元前六一二年、騎馬民族のスキタイ族によってアッシリア帝国は滅亡、このスキタイ族は十種族を連れてシルクロードを通り、日本に来たという。

騎馬民族の流れが、関東の坂東武者の源氏か？　一の谷の合戦の鵯越《ひよどりごえ》の奇襲は騎馬民族ならではの戦いである。

そして秋田の大湯のストンサークル、環状列石は十種族の礼拝所かそれとも墓かと、その地で沈思黙考した。

さて、紀元前七四七年、神の召命を受けたユダ王国最大の予言者イザヤは、前七一四年南の二種族のユダ王国がアッシリアに攻められた時、エルサレムの神殿の奥深くの至聖所にある「契約の箱」をもってユダを脱出、チグリス・ユーフラテスの川辺で葦で船を作り、ペルシャ湾から東に向かい、黒潮に乗り対馬海流によって丹後の若狭に着いたという。

天之橋立を見下ろす所に「籠《ごもり》神社」があり、これは籠舟の籠か、古事記に出てくる天之浮橋は天之橋立か、イザナギ、イザナミの命はイザヤか、若狭湾にある元八坂神社は神輿《みこし》を海から上げる祭りという。その神輿は「契約の箱」か、丹後半島に〝伊根〟の港あり、伊根は稲か、古代米は赤米、それゆえに赤い波の丹波か、文明文化の終着駅日本は謎が多い。

さてさて極東に浮かぶ日本列島は、一番太陽が当たる〝日の本の国〟で、列島そのものが「ソーラーアーク」か、二十一世紀のノアの方舟か、メシアは太陽神の天照大神の天皇様か、学者でもない無骨者の感性の夢物語のノアの方舟を誇りと自信をもって漕ぎ出そう。

［一九］今を生きる

息と念

「今、何時何分何秒ですか」と問われても絶対答えられない。

大自然は一秒の止まりもなく動き、人もまた一瞬一瞬の今、今、今を生きている。今を生きている「生き」とは、「息」していることで、息とは自然の心と書く。

人の心はまた一瞬一瞬何かを考えている。何かを考えている今の心を「念」と言い、人生は一瞬一瞬「息と念」で命を刻んでいる。

極論すれば、人生は一瞬一瞬の今の連続であり、武道の極意の歌に、

今というまに今はなし
まの字きたれば　いの字過ぎゆく

の「間」は、人間の「間」であり、間は縦の時間と空間の結びの「間」である。

「お変わりございませんか」と、人に問われると、一瞬躊躇する時がある。心も体も一瞬一瞬変化の中にあり、人間は立派に変わらぬ者は愚か者である。時間経過の年齢の縦軸に対して、横軸の長さの長短が人間としての大小の価値の評価である。

たとえば、幕末の志士・越前の福井藩士の橋本左内（号・景岳）は緒方洪庵、杉田成卿先生に学び、十四歳にして『啓発録』を書くほど横の棒が長く、七歳年上の西郷隆盛が手をついて教えを乞うたと言う。

かくの如く、二度と再び還ることとなき今を生きる、一瞬一瞬をどう生きたかである。

命とは永遠の自己と一瞬一瞬変化する心と体の三位一体となっての命である。心と体は宇宙の法則によって生かされているから、日蓮の髭文字の「南無妙法蓮華経」の「法」は崩せないと楷書で書いてある。

一日は二十四時間、子供は十月十日で生まれ、生まれたら必ず死す。

体の法則

体の法則は、酒を飲めば酔い、毒を飲めば死する如く、また出物腫物ところ嫌わずのお手洗いは待ったなし、「トントン入っています」の時は、名誉も地位も財産も通用せず、たとえ無神論者も「間に合いますように」と神仏に祈ったことがあると存ずる次第。まさに地獄極楽は戸の内と外。かく言う私は、一度池袋の雑司が谷墓地でことなきを得たことがある。

誌面を汚す様で恐縮至極ではあるが、一瞬に命を賭ける武道の本なればお許しあれ。

さてその時、隠れて用をたしたのに銀蝿が一匹飛んできてご馳走に止まった。電波探知器を持っているのか、電池も入っていないのによく動くと感心しながら、

　隠れても蝿に見つかる野糞かな

と手帳に記し、さて処理しようとしたが、紙がない。まてよここは墓の中ではないかと、

　墓の中　仏ばかりでカミがない

もう一つ、ウン蓄な話は、公衆便所に入ったが紙がない。ところがそこには見事な落書きで、ウンと唸った。

　カミに見放されたら　自分の手でウンを掴め

剣豪宮本武蔵は、吉岡一門との決闘に際し、神社に参拝し、「神は啓するものにして、頼むものに非ず、神よ照覧あれ」と言う如く、運命は自分で掴むものである。

お手洗いを日本では厠と言い、法則の則の厠で、我が家の厠は「お便り所」と書き、天の便りの硬

軟によって、一日のウン命を占っている。

心の法則

今を生きる心の法則は、一瞬一瞬の今の心の「念」を、如何なる時も、また如何なることがあっても、明るく朗らかに生き生きと勇ましく、何事もプラス思考で肯定的な態度を堅持することである。

何故ならば、直接人を生かし給うのは神経であり、その神経を支配しているのは、今の心の「念」であり、心の状態が即座に神経に反応し、神経が広くなったり狭くなったり、時には気絶からショック死となる。

心は川上で、体は川下で、健康のために何を食べ、どんな運動をすべきかよりも、心の持ち方が大切である。

心は額にあり

しからば今の心はどこにありや否やと、師の写真の前で沈思黙考すれば、写真の額縁から〝ガク〟とのラップ現象の音で、「アッ額だ」と悟らされた。

額とは金額の額で、金カンジョウと心のカンジョウのある処で、損得や善悪をすぐ判断するのが額であって、尻ではない。しかし関連はある。ケツ算に帳尻と言うが如し。

肛門を締める

心の感情と金勘定の額の心が、ついカッとなって人の心に傷をつけたり、時には殺傷する時がある。その感情を即座に制御する方法が肛門を締めることで、武道では、褌を締めろと言うのである。その具体的な方法は、両手の小指を軽く締め、人差し指を軽く伸ばし、目を半眼にすると、肩の力が抜ける。

これは落ち着く方法で、人の前で上がって思っていることの十分の一も言えない時がある。この方法を何度も何度も練習すると上がらなくなる。

刀や木刀を持つ時も、人差し指を締めると肩に力が入る様に、人差し指は古来師匠預けの指として、使ってはならない。

また、この姿は笑っている姿で、肛門を開いたままでは笑えない。笑うと肛門と臍は同時に締まり、工という字は永遠の霊魂のある臍と有限なる肛門とが繋がって健康と運命が拓く故に、「笑う門に福来る」は神理にして真理なり。

心の食べ物は言葉なり

ご存知ナショナルの松下幸之助会長は、四帖半の工場で二股ソケットから天下の松下になったが、面接の際、「あなたは運命がいいと思いますか」に対して、運命がいいと答えた人のみを社員として、大きくなり、その後は人のいない風呂場や、歩きながら自分に言い聞かせる様に、「俺は運命がいい男だ」と声を出し、〝ふふ〟と笑うと、心も体も明るくなり、「明るいナショナル」とのコマーシャルになったと言う。

最近はこのコマーシャルがないとすると、ナショナルもあぶないのか、人事ながら氣になる。

類は友を呼ぶ。なるべく運命のいい人と付き合う様、心がけるとともに、常に言葉は明るく朗らかに生き生きと勇ましい言葉を使う様に努力することが運命を拓く鍵である。

自霊拝

自霊拝とは、自分が自分を自分で誉め称える行法である。

子供も大人も人に誉められると、心も体も生き生きとして、細胞が活性化してくる。とすると、鏡の中の自分に対し、「有り難うございました」と誉めると、心と体は私のために働いてくれる。

心と体は自分の従業員であり、足で歩いて私をいろいろな所へ連れてゆき、手で仕事をし、口で食べ物を味わい、目で大自然の美を、耳で音楽をと、五感で楽しませていただく、私には最も近い方々である。

最も近いと思う親子でも別居することあり、妻とは離婚することがあるが、心と体はあの世までついてくる。

肉体の肉に、人と人とを書く様に、上の人は額の心の人で、今の心の意識する「念」の実在意識であり、下の人は無意識の意識の潜在意識で、古来魂魄の魄が魂の性格で、この潜在意識は今の心の「念」の積み重ねが魂の性格となり、中には前世での修行のものもあって、生まれながらにして明るい人や暗い人がいるのもその為である。

これを感念要素と言い、この感念の倉庫の潜在意識をいいものに取り替える方法が、夜の寝ぎわと朝起きた時に鏡に向かって自霊拝をやるのが、神代からの行法である。

古来、歴史は夜創られると言い、子供と添い寝しながらやる神話の寝物語である。

夜は神に帰るを神と共にヨルで、寝巻きもネルの寝巻きと言う如く、夜は疲れをとるだけでなく、人間改造の場である。

汚いコップの水を奇麗にするには、雨垂れ石を穿つ如く、毎日一滴ずつ清い水を注ぐと奇麗になる様に、夜の寝ぎわ、鏡に向かって、「お前は信念が強くなる」と声を出して命令するを命令暗示法と言い、朝起きたら「お前は信念が強くなった」と断定するを断定暗示法と言う。

病いの人は「お前は病いを氣にしない」と言い、朝は「お前は元氣になった」と言うと、病いは治る様に宇宙真理はできている。

神理は簡単にして、その真理は深い

最近少年犯罪が多いのも、夜、子供をテレビの前で寝かせる為に、悪いものが子供の潜在意識に入るからであり、シンナー遊びも、母親の爪を染めるマニキュアの郷愁である。

その母賢にして不肖の子なし
三つ児の魂百までも

男より女子教育が最も大切であると声を大にして言いたい。

命を賭ける

好むと好まざるとに拘わらず、私は日本人である。私と親、私と日本との関係は如何ともしがたき一大事因縁にして、自然的事実である。

この一大事因縁の今を道義化し、精神化するのが人間の人間たる所以である。

しかも人は死ぬべき運命にあれば、生きるとは誰に、何に、命を賭けるのか。なんの為になら死ぬことができるのか。

それに答えるのが、人それぞれの人生である。

[二〇] 生きた本

一冊の本の中の一言や、一行の活字に人生転機となるときがあり、またその作者とお会いしたくなる思いにかられるのは、昔も今も変わらぬ人の心である。

林房雄の『西郷隆盛』の小説の中に、西郷がまだ吉之助の青年時代、水戸学の藤田東湖の本を読み、いたく感動し、藤田東湖先生を訪ねんと、九州の薩摩から、今の東京の後楽園あたりにあった江戸の水戸藩邸まで、何日もかかって来たのである。

そして門前に土下座した西郷は、

「生きた本に会いに来もうした」と案内を請うたが、門番はそれを聞いて、こいつ少々頭がおかしいなと、

「なにっ！ 生きた本？ 本が生きるか、ここは天下のお膝元の水戸藩邸じゃ、九州の田舎者が来るところではない、帰れ、帰れ」と、押し問答しているとき、藤田東湖先生が玄関の衝立の後ろを通り過ぎ、ふと聞き耳をたてて、

「生きた本、生きた本、生きた本とは、さて何のことか」と戻られ、

「これこれ、そうぞうしいな、何事じゃ」と西郷の姿に目を止めれば、西郷は、

「生きた本の藤田東湖先生でごわすか？」

「いかにも、拙者は藤田であるが、生きた本とはいかなることじゃ」と聞きただした。

「おいどんは、薩摩の西郷吉之助という者でごわす。先生の本を何度も何度も読み申したが、本はあくまでも受動的で、読む人によって生きるものでごわす。それに対し先生は、難しい真理や人の道もわかり易く面白く時処位の中で説かれるが故に、先生を〝生きた本〟と申すのでごわす」

「ウムーーそれで生きた本か、愛《う》い奴じゃ、上がれ」と部屋に通され、藤田先生と師弟の縁を結ばれ、歴史上の人物との出会いとなった。

徳川家康

山岡壮八先生は、未曾有の敗戦の日本の将来を憂い、大作『徳川家康』の本を書いた。ご存知、戦国武将の天下盗りの三人、織田信長、豊臣秀吉、そして徳川家康である。

歌ごころある文化の高い日本の庶民は、時勢の流れの鳥と書く、「時鳥」に三人の武将の心情を歌に託した評価が見事である。

「泣かぬなら殺してしまえほととぎす」

は、織田信長の気性。

それに対し、

「泣かぬなら泣かしてみせようほととぎす」

は、百姓の小倅から人の心を掴んで天下人となった秀吉の心である。

そして幼少から人質で苦労の辛酸を嘗めた家康は、我慢々々でじっと待って天下を盗った、その心情は、

「泣かぬなら泣くまで待とうほととぎす」

この家康の心を敗戦の日本として書き下ろした徳川家康の本は、敗戦で打ちひしがれた日本人の心に希望を与え、多くの人々は貪り読んでは互いに耐え忍んだ。

かく言う私も、買うに買えず、図書館より借りては妻と共に読み始めたが、ふと西郷隆盛の「生きた本」のくだりを思い出し、著者の山岡壮八先生の自宅を訪ね、「生きた本に会いに来ました」と言えば、奥様は怪訝な顔で、先生にお取次ぎしていただき、戦後の日本の将来について、家康の心を心としての話を受けたまわった。

そのおかげで国体護持国民運動の大会会長をお願いし、私は副委員長として運動を起こした。

山岡壮八先生は、大東亜戦争の末尾に鹿児島の鹿屋基地に最後の従軍作家として命じられた。鹿屋

は、東洋平和のため祖国日本のために、次々と飛び立って沖縄のアメリカ艦艇に突入していった海軍特別攻撃隊の基地である。

従軍作家として何よりも悲しいことは、彼等に出会うことは、それがそのまま別離であることである。

しかるに、死を前にして兵士達は底抜けの明るさで、出撃前でもキャッチボールをしたりで、誰もが明るく親切でのびのびとして、どこにも陰鬱な死の影はなかったという。

この自由闊達さ、時には傍若無人にさえ見えても、その実は接近するほど離れ難い別の美しさを秘めている。

この明るさは一体どこからくるのであろうか、その秘密だけは従軍作家としての立場からどうしても知っておきたく、小学校で教鞭をとっていた西田高光中尉に、「禁句」になっている、この戦いは勝つと思っていますか、またもし負けても悔いはないのか、そして、今のような明るい心境になるまでに、どのような心理の波がありましたか、と……。

彼は重い口調で、「現在ここに来る人々はみな自分から志願して来たのである。従って、もはや動揺期は克服しています」。

そして最後に、「学鷲《がくわし》はいちおうインテリであります。そう簡単に勝てるとは思っていません。しかし、負けたとしても、その後はどうなるのです……おわかりでしょう。我々の命は講和の条件にも、その後の日本人の運命にも繋がれていますよ、そう、民族の誇りに」。

この言葉を聞いた山岡先生は、悠久の大義に散華した大和魂の光を感じ、彼にぶしつけな禁句の質問をしたことに悔いはなかったという。そして五百キロ爆弾と共に大空へ飛び立って行ったとき、見送りの列を離れ、声をあげて泣いて泣いて泣いてしまったという。

また、緒方襄の辞世の句、

「いざさらば　我はみくにの山桜　母の身元にかえり咲かなむ」

そして、その母緒方三和代さんは、

「散る桜　いさぎよきをばめでつつも　母のこころは悲しかりけり」

戦争とは言いながらも武士道国家日本の軍人達は、各地の戦地で多くの美談を残した事実はあっても、「勝てば官軍、負ければ賊軍」で、敗戦当時は書けなかったばかりか、国際法違反の無差別爆弾も、広島長崎の原爆降下も善であって、すべて日本が悪と洗脳され、我等の先人達が命を賭けて営々と築きあげてきた恥の文化日本、誇り高き武士道国家日本の美風は占領政策で犯されて、弊衣のごとく捨てられ、人間不信へと移りゆく日本の姿を、品川の海に釣糸をたらしながら、山岡荘八先生は戦いに敗れた故にどうにもならないやるせなき焦慮の心で呆然と過ごしていたという。

占領下の日々、この切なく空転してゆく自分の絶望と相対し、「釣糸を捨て」、机に向かい、応仁の乱以来の戦国の世に終止符を打った徳川家康という人間を掘り下げ、敗戦のため書けなかった日本軍人の壮烈さ、淡々たる死生観、それを貫く「至誠」の武士道精神を家康の草創期の幼少年期に借りて書き、当時の新興勢力のソ連を織田信長とし、「おれがナンバーワン」と、京文化に憧れた今川義元は、信長の奇襲作戦の桶狭間で敗死した。その今川をアメリカになぞらえ、その背後にいるオンリーワンの民衆達の心を豊臣秀吉とし、世界の中で小さな小さな極東の国日本を、徳川家康の弱小の三河の国とし、幼少から人質として苦労した家康の日本は、敗けたり言えども光り輝く東洋の君主国家日本は、誇り高き武士道精神の恥の文化日本で、戦争をせざるを得ない体質の物質文明の国ではない。「中心をたて、分を明らかにして、中心に結ぶ」菊のご紋が示すように、宇宙構図の中心帰一の家族国家で、共産主義でも民主主義でもない。

日本に勝った西洋文明は、名門織田信長も百姓から天下を盗った太閤秀吉も、やがては今川義元と同じ崩壊してゆく種を包蔵している。この崩壊の種を、徳川家康を通じて知らしめることが、大きな狙いであるという。

悠久の日本歴史を貫く国体が、未曾有の敗戦でも護持されたのは、あの学鷲の西田高光中尉の、「たとえ敗けても我々の生命は、講和の条件にも、その後の日本人の運命にも繋がっています」と言った通り、特攻精神によるものと、また神はかりの一語に尽きる崩壊の種なき天壌《てんじょう》無窮《むきゅう》の日本国家である。

敗戦による臥薪嘗胆《がしんしょうたん》の日本に対し、世界は相変わらずの戦争があり、しかも豊かな物質文明の中で、強盗殺人に離婚、かつての日本人には考えられない犯罪から、鍵のある生活、そして家庭の崩壊に自殺者と、現代の応仁の乱である。家康が約三百年の平和な江戸時代を築いた日本の道に学び、今の社会や政治経済が改められ、原子科学も原子道となって、世界平和になることを夢想して書き始めたという。

その頃の東京は爆撃による焼野原が多く、書き進めるにつれて日本は復興、小説『徳川家康』も育っていったという。

私は、山岡壮八先生の、「一度くらい喧嘩に負けたぐらいで……」の言葉は、強烈な印象として心に残った。その後も「生きた本との出合い」に、自らすすんでその謦咳に接した。

合気道開祖植芝盛平翁、哲人中村天風先生、古神道の山蔭基央先生、その縁で宮様の賀陽邦寿殿下とは何度も台湾に同行、また毛沢東や周恩来による「西安事件」に深く関係のある反共の闘士苗剣秋先生とは妻ともどもお付き合い、歴代の首相の師の漢学者安岡正篤先生は、私の処女作『パリの神道』は宗教くさくなく、大変よかったとお褒めにあづかるなど、生きた本による耳学によって私は学び鍛えられた。


「人生の幸、不幸はめぐり合わせの　人の善し悪しなり」

良縁の出会いに感謝しつつ。

［二二］ 物差しと志差し

物を計るのは物差し、心を計るのは志差しで、志差しは遠いものほど尊い。

遠視と老眼は物差しから見れば同じメガネであるが、志差しから見れば月とスッポンである。

歳を重ねると道がよく見える様になり、若者に十年先、二十年先の道を説く様、神は遠視にし給う。

それを自分のことばかりで生きている老人の目は老眼である。

世の為、人の為と常に遠大な志差しの人物は老人なれど偉大にして迫力がある。

恰《あたか》も車の運転は、遠方にライトを照らすとスピードが出ると同じである。

また一階から人の世を見るのと、お城の天守閣から遠くを眺めつつ、世の行く末を思う城主の器とは雲泥の差である。

歴史は人物史であり、歴史も人生も立体的、生命的に大観し、歴史は三百年の物差しでその流れを計り、人生は百年の物差しで、今日一日、今日一日を価値高く生きる。

歴史を百年単位で切ると、現在只今「オギャア！」と生まれた赤ん坊も百年後は白骨体である。そしてまた百年で歴史を切ると、白骨体、白骨体の歴史となる。

物差しの使い方の理屈であるが、生ある者は必ず死すべき運命にある。故に人は何の為に生きているのかと疑問を持つ。

アインシュタインが、大正十一年に来日した際、学生達を集めての討論会で、哲学科の学生が「人は何の為に生きているのですか」と質問したら、即座にアインシュタインは「君はそんなこともわからないのか、他人を幸せにする為に生きているのだよ」と喝破したと、草柳大蔵先生の講演録に書いてある。

「人は他人を幸せにする為に生きているのだよ」の一言は時に一生を救う。

思うに自分のほんとうの顔は生涯見ることが出来ない、故に自分の顔は他人を幸せにする為にある。

無人島で化粧する人はいない様に、化粧は他人を幸せにする為である。

哲学科の学生と言えば、我々の年代で思い出すのは、旧第一高校生の藤村操（十八歳）が〝人生不可解〟の「巌頭の感」の辞を残して日光の華厳の滝に飛び込んで自殺したことである。参考までにその辞を記するに

悠々たる哉天壌、遼々たる哉古今、五尺の小躯を以て此の大をはからむとす。

ホレーショの哲学、竟に何等のオーソリティに価するものぞ。万有の真相は唯一言にして悉《つく》す。曰く「不可解」我この恨を懐いて煩悶終に死を決す。既に巌頭に立つに及んで胸中何らの不安あるなし。

始めて知る大いなる悲観は大いなる楽観に一致するを。

明治三十六年六月二十八日大朝記載

悩みの多い年頃の十八歳、五尺の体の物差しで、乾坤悠久の宇宙、そして古今東西の人の世を計らむとするとノイローゼになる。

自分の顔も見えない、自分の体重もあっても現実は全然感じない。体は空《から》だのこの我れとは何ぞやは、坐布とんに坐って自分で自分を持ち上げようとする愚に等しい。「我れとは何ぞや」は「他人を幸せにする為なり」のアインシュタインの一言に尽きる。

現に今生きていること自体が、時代の別、国の別に貧富の差、それに男女の別に親を選ぶことも出来ない冷厳な事実に立っている。しかも体は一瞬々々歳をとる様に、心と体は自分でありながら変化の中にある。

命とは神なる大自然の命令の命で「他人を幸せにする為に生きている」の一言は汲めども尽きぬ深い意味がある。

体とは殻を脱する言霊とも言う様に、一言が悩みの殻を脱して一生を救う時がある。

草柳大蔵先生が、若き頃元総理の芦田均先生から原稿を戴く為に訪問、しばらく応接間で待ちながら本を読んでいた。

「お待たせしました」との奥様から原稿を戴き帰ろうとした時に奥様が、「先程はどんな本を読んでいらっしゃったんですか」の問いに、「私が書いた本です」とポケットから出してお見せ申し上げた。すると、「もう一度おあがりになって少しお話し申し上げていいかしら」と、応接間に案内した。

人物は一瞥して人物を見抜く眼力の物差しを持つ。

「お若いあなたの将来の為に申し上げますが、お座り下さいと言われないのに座るとは日本の礼儀ではないのですよ。

しかも人の家の応接間で自分が書いた本を読むのもどうかと思います。

ご存知とは存じますが応接間は、目に見える扁額や置き物、そして絵を通じて、目には見えない神や人の心に応じて接する所です。

ここは失礼ですが元総理の応接間である。ここにあるものは全て本物で、これを通して人間教育をする為に置いてあります。それを質問どころか見もせずに自分の本を読むのはどうですかね」と。

若き草柳先生は直立不動になって顔から火が出る程慚《はじ》をかいたと言う。

そして十年後、三菱銀行の田実渉頭取に、奥様から「草柳大蔵さんが、原稿を取りにいらしてます」との電話を、側で聞いていた人が「草柳大蔵さん？　あの人は応接間で、一時間も二時間も立ったまま待っている男です」と言うので、「それはどういうこと」と聞きただし、その経緯《いきさつ》を聞き早速会って以来、田実さんから物心両面で育てられ天下の草柳大蔵になった。

これは三菱に関係がある我が斎宮の会計担当の古川《こがわ》豊氏の話であるが、大変いい話であると心に留めた。

思うに我が家には応接間はないが、神武一道の道場がある。道場には合気道開祖植芝盛平翁の「合気道」の掛け軸に「愛光」の扁額、また中村天風先生の「無礙自在」、頭山満翁の竹筆による「敬神愛国」の扁額、山元桜月画伯の三尺四方の神霊富士の絵が光り輝く。全て直筆による価値高いものばかりである。

刀掛けには昭和五十八年（一九八三）東京ディズニーランド開設に際し、剣祓いの神官としてお祓いした時の名刀虎徹がかけてあり、千客万来の神明塾なれど、それに対して質問する人はいないと言う程少ない。特に頭山満翁の名前を四十代の政治家ですら知らない程歴史を学んでいない。

私の人生で大いに役に立った〝驚いても間に合わない〟や〝座っている〟との頭山先生の逸話は、恩師天風先生から聞いた話である様に、草柳先生のみならず私は全て人や本で恥をかきながら学んだものである。

土足のまま家の中に入る外国の物差しと、日本の物差しは違う。戦後の家庭の躾がないのか、道場に入るのに外で着るものを着たまま入る、中には帽子を被ったままで入る人あり。お教えざる罪か、五十代ともなると恥をかかせる様で注意しにくい。

戦後の物差し、志差しが変わったのか、神道も形式化し、神社は俗化し単なる習俗となり下がり、神官は祭祀のみを司る宮仕えに堕落、家には先祖を祀る神棚も仏壇もなく核家族はたんなる合宿所となった。

不敬ながら天皇は、王か大統領化している感あり、終戦時国家存亡を賭けて護った国体護持の万世一系の天皇の心の物差しの志差しの深慮なものが希薄になってゆく。

申すまでもなく私と日本や親との関係は、如何ともしがたき一大事因縁にして自然的事実であり、この一大事因縁を道義化し精神化してゆくのが、人間の人間たる所以である。

草柳大蔵さんは、外国の物差しでなく日本独自の物差しで、世界の出来事や流れを読むことが日本再建の道ではないかと、ソフトな語り口で司会や講演では人を魅了し多くの本を世に出している。

今年の一月、ある福祉センターで講演し、夕方の五時、西洋的物差しの役人特有の杓子定規の物の言い方で追い出され、廊下で講演の後始末となり「イヤーな」感じを受けた時、草柳先生の講演録を思い出した。それは松江市の美術館に午後四時半頃着き、念のため閉館時間を尋ねると、何と受付の女性は「当館の閉館時間は、宍道湖に夕陽が沈むときでございます。ちなみに今日の日没は六時三十八分でございます。どうぞごゆるりと」と笑顔で美しい日本語で話されたと言う。

本来日本の主体性（アイデンティティ）は日本即サムライであり、武道の極意は、姿勢と間合で、講演も約五分前にやめるのが間合であるが、三分過ぎたのみで人の感情が変化する。

思うに生命は天地の調和の結びである様に宇宙真理の武道的表現の合気道は、受けと投げの陰陽結びの響き合いの姿勢と間合が日本民族の社会生活の原点である。

不ケーキから経済再建を論議しているが、根底は、日本人の心の物差しの教育が最も大切である。国あっての民の国民にして国民の範となるべき公務員が、私の本を消費税なしで売って下さいと言われ、思わず顔をみて、肝に据えかね、国家は税金で運営しており公務員の皆さんの給料も税金である、著者割引きでとは何たること、金さえあれば国は亡びても良いと言う論理で、道が違う。サムライとして許せん。講演料はいらないから消費税約千五百円は下さいと言ったら、後から我が家に五、六人で謝りにきたことがあった。

昭和五十二年（一九七七）フランス政府文化庁の招聘により神道教授として渡仏する時の歌

武士の　たばさぬ太刀の秋津島
鍔なりすれば　世界震わむ

[一二] 山岡鉄舟　剣禅一致の講談

動物と幼児は悩まないように、悩みは人間のみにして、進歩発達の人間の歴史の原動力でもあり、その悩みを解消するために、神は人間のみに笑いを与え給うた。

笑いは万国共通の祓いの言霊にして人との和を結び、家庭を明るくする。

笑いはガンまで治る神薬として見直され、「寄席」がブームでもある。

一ヶ所に客を寄せ集めるところから、寄せ席を「寄席《よせ》」と呼び、落語、講談、浪曲、義太夫、そして手品から音曲などの大衆芸能を興行する娯楽場として江戸に常設の席ができたのは、寛政年間（一七八九〜一八〇一）十一代将軍家斉公の時代である。

さて、当時外国人が来日し、江戸庶民の歴史伝統文化の高さ、そして情操教育の徳育に驚きの文を残している。

その江戸文化を支えた一つが「寄席」である。当時字の読めない文盲の庶民に涙あり笑いありの寄席の演芸はヤンヤの喝采をうけた。

また、「講釈師見てきたような嘘を言い」で、釈台と呼ばれる机を張り、扇で打ちつつ、調子をつけて軍記ものや武勇伝、仇討ちに侠客伝に世話ものを語る講談は、元禄の頃「太平記読み」から起きたと言う。

かく言う私は東京は上野の「鈴本」の寄席で一席語り喝采を受けたことがある。

さてその講談の一席は、寄席の雰囲気と減《め》り張りの話芸が体感できないのが残念であるが、私の尊敬する美人の講談師、神田紅師にも差し上げた「山岡鉄舟、剣禅一致の講談」を、格調高い合氣ニュースの本に掲載するは失礼とは存じながら、階段に一休みの踊り場がある如く、ちょっとお茶でもと、多忙の中、ホットコーヒーでホットするような心で一読され一つでもハッとする真理が感ずれば幸甚。

されば「お粗末ながら」と筆をとるに、

安政六年と言えば、吉田松陰、橋本左内、頼三樹三郎等の幕末の志士が処刑された、世に言う「安政の大獄」である。

それより遡ること三年、即ち安政三年、時の将軍家定公が、太平に流れて軟弱となった世相を武道をもって精神を復興させようと、江戸に初めて講武所を設立した。

その講武所の剣術師範に抜擢されたのは、北辰一刀流無想剣でその名も高い、千葉周作の四天王の一人、山岡鉄舟である。

弱冠二十二歳の血氣盛りの山岡鉄舟こと鬼鉄は、道場で一汗かいた後、夜な夜な神田お玉ヶ池の三枚橋を渡り遊廓へと通っていた。

三枚橋とは、真ん中を公家が通り、右と左を武家町人が通ることから、誰れ言うとなく三枚橋と言う。

さてある夜、月もなく、鼻を摘まれてもわからぬ闇の夜、鉄舟は通い慣れたる三枚橋をスタスタと足取りも軽く渡り終わろうとした時、「ドスン!」と何者かとぶつかった。

瞬間サッと殺氣を感じた鉄舟は、無意識の意識で腰の剣を抜いたが、相手のほうが一瞬早く、「ヒヤリ」と冷たいドスが喉元に止まった。

名刀関の孫六を二、三寸抜いた鉄舟は「ウウッ!」と息が詰まった。すると闇の中から、

「貴様ァ! 鬼鉄だなァ」とサビのある声が、ドスを通じて背筋を走った。

「そ、そ、そういう貴殿は!」「名乗るほどの者でもないわい! ぶつかる前に人の氣配が分からぬ者が! 千葉門下の四天王の一人とは片腹痛い、若くして地位を得て俗界に染まり、いささか高慢になったかァ!」と、落ち着いた声が闇を貫く。

ジリッと間を詰めて一呼吸の後、今度は諭すように、

「公の講武所の剣術師範が、武術のみで自然ながらの神仏の道を知らざれば、天下のご政道に傷がつく」と言葉を切れば、闇が耳をそばたてる如く、シーンと闇の闇となる。

「ここで会ったのも神仏の引き合わせ、天下のため出直して神仏の声を聞くか、それとも私の手であの世に逝くか! 二つに一つ! 三つ数えるうちに覚悟せい!」と間を詰められた鉄舟、息をのむ。

「ヒトーツ!」の声に一歩下がった鉄舟。「フタァーツ!」

のけぞる鉄舟、絶体絶命。

「サァ ゆくぞ鉄舟! 覚悟! エイッ!」と切っ先が喉元へグサリと。

その瞬間、命が惜しい鉄舟は「エイ！」と裂帛《れっぱく》の氣合とともに、身をひるがえしてお玉ヶ池にドボーンと飛び込んだ。

暦の上では春三月とは言いながら肌寒く、ことのほか冷たいお玉ヶ池、杭につかまった鉄舟は、悔しさを声に表して怒鳴った。「名を名乗れ！」と。

すると、「なぁーに、たかが町の老いぼれよ、遺恨に思う奴には言わぬが道じゃ！ 悔しかったら心を練ることじゃ、技には限りがあるでのぉ、書も剣も精神の格調を高め永遠の自己を悟る。形なき心は体をもって具体化し、体は技を磨いて精神化し、虚にして実相を掴む！ 守破離の離じゃ！」と鍔音高くその場を去りながら、ふと立ち止まり、「永遠の自己とは、自己の中に秘められているもう一人の自己、真我のことじゃ！」と言葉を残して闇の中に消えた。

濡れネズミになった鉄舟は、剣友清川八郎の住まいの戸をドンドンと叩き、「おお寒い！ 着替えを貸してくれ！」「ど、どうした今頃、剣の達人ともあろう者が、足を滑らせてお玉ヶ池へドボーンか」

「と、とんでもない！ かくかくしかじかだぁ」

「ほお！ 江戸広しと言えども、鬼鉄を手玉にとるとは何者！ よもや合氣道の佐々木の将人では…」

「おいおい！ そんな冗談はよせ、紙面に限りがあるんだ、早く着替えを！」と、風呂場で着替えて、熱い番茶で一息ついた鉄舟に、

「もしや、浅利又七郎義明先生では！」

「なにッ！ あの老いぼれが…」

「それそれ、それが貴様の悪いところだ、先生は小野派一刀流の達人で、突きの名手、歩く姿も日

常の生活も、隙あって隙なく、虚心平氣、平常心是れ道の無碍自在《むげじざい》の離の境地だ」

古来人は刺戟《しげき》で悟るように、それを聞いた鉄舟は、ハッと我れに返って心に光がさした。

以後、浅利又七郎義明先生の門を叩き詩魂剣心を学び、禅は滴水禅のもとで参禅し、「剣禅一致」の修行に入った。

人は人物によって人物となる、故に「三年稽古するよりも、三年師匠を探せ」と言うほど師の影響は大である。

この滴水禅師は、岡山の池田公の菩提寺の臨済宗曹源寺の儀山和尚のもとで修行中、儀山和尚が風呂の湯が熱いので、「だれか水を！」の声に、当時は宣牧《せんぼく》であった滴水が、「ハイ」と手桶で水を数杯うめ、残った一滴の水を地面に捨てた途端、師匠の雷が、「バカヤロウ！ 水一滴と言えども神仏の命、草木にやらずに捨てるとは何事だ！」と、怒鳴りつけられた。

この強烈な言葉の刺戟で「パッ」と悟り、自ら「滴水」と号した快憎で、その教えは師儀山和尚とともに峻烈をもって聞こえた。

「百練求真」の剣と禅の修行三昧の時は流れた。ある日、鉄舟の修行も熟したとみた滴水禅師が、「鉄！剣を捨てろ！ 剣にとらわれるな」

この一言で「おおう」と豁然《かくぜん》と無明の迷いから覚め、宇宙の根元は一氣にして、千変万化の創造の妙、しこうして「もう一人の吾れ」を悟った。

この境地をもって門人籠手田安定と立ち合い、フーと心で剣を捨てたら安定は、

「先生！　まいりました、今日の先生は大きく大きく見えます」

「ウーン！　これだ」と、早速浅利先生を尋ね、「先生一本お手合わせを！」「おお、来たか鉄舟、では」

と、互いに木刀をとって青眼に構えた。

鉄舟は、空気が地球を隙間なく包み守る如く、心を一つ所に止めず、囚われず、宇宙いっぱいに心身をひろがらせ、構えて構えず、

「うつるとも月は思わず　うつすとも水は思わず　猿沢の池」の心境で、心で剣を捨てれば、いつも大きく見えた先生は、スーと小さく見えたその瞬間、浅利先生は、

「待てィ鉄！　貴様悟ったなあ！」との言葉とともに、先生の目に涙。

「先生！」とその場に座り、後は言葉にならず、ガラリと木刀を前に置き、頭をさげた鉄舟の目にもまた涙、涙である。

その涙に朝日がさして宝石のようにキラリと光って床に落ちた。時に明治十三年三月三十日未明である。

その時の悟りの歌が、

明れてよし、くもりてもよし　冨士の山
もとの姿は　変らざりけり

無刀流開祖山岡鉄舟、剣禅一致の講談の一席、これにて終る。

山岡鉄舟は、勝海舟、髙橋泥舟の幕末三舟と言われ、戊辰戦争の時、鉄舟は勝海舟の使者として駿府に赴き、勝と西郷隆盛の会談を周旋《しゅうせん》し江戸開城に尽力した。

維新後、明治天皇の侍従として仕えた。

明治二十一年七月十九日、端然と結跏趺坐《けっかふざ》したまま大往生を遂げた。享年五十三歳。

鉄舟の命日十九日に集って始めた「一九会《いちくかい》」は天下の荒行として毎月三日間、今なお東京は東久留米で継承している。

［一二三］人生良いも悪いもどんとこい　運命を拓く鍵は心なり―１

（以下［一二三］～［一二五］は、平成十三年六月六日、青森県八戸市の市民大学講座において佐々木師範が行なった講演『人生良いも悪いも　どんとこい』の収録である。）

（一）不動あっての自由

皆さんこんにちは、今日は空席以外は満席のようであります（笑）。今日は八戸美人がたくさん見られるということで喜んで東京から参りましたが、少し騙された感があります（笑）。ここには六十歳代の方が大勢おられますが、六十歳と言えども二十歳の女性が三人いると思えば気が楽です（笑）。こういう物の考え方が私の考えです。

先ほど私のプロフィールを耳にはさみましたが、山形県生まれは間違いです。私はお袋から生まれたのです（笑）。そこを訂正しておきます。

さて、お袋から生まれたという私自身がなぜ日本人なのか、また、なぜ昭和に生まれたのか？　この世の中に生まれてくるのには、時代の別、国の別、男女の別、そして貧富の差に、親を選ぶことも出来ない。

この冷厳な事実に立って、「今何を成すべきか」ということを考えなければ人間としての価値はないのです。「日本に生まれたくなかった」と言っても仕方がないのです。

それは、生まれる自由がないからです。日本の自由は不動があっての自由です。アメリカは何でも自由と言うが、パンを食べていながら彼らは「米国」と言います（笑）。

さて、私がこうして歩いているのは片方が不動だからです。両方上げたらひっくり返ります。顎は上が不動で下が自由です。瞼は下が不動で上が自由です。歩く時は臍が不動で足が自由です。人間の心の場所は額です。額の心が実在意識で、この心が寝てしまったらガクッといってしまいます（笑）。死が不動で、生を価値高く活きるを武士道の死生観である。

私は、二度にわたってフランス政府から頼まれ、日本の道を人間性回復として教えてきました。〝人間性回復〟とは、すなわち人から人間になるということです。

人は多いけれど人間は少ないのです。なぜか？　地球を考えてみましょう。地球上には日本人、韓国人、中国人、アメリカ人、後は人参か、キャベジン……（笑）。たくさんの人がいる、そして二十世紀は表面の人と人、国と国とが喧嘩をしたのです。

ところが、我々がここに存在しているのは万有引力によって中心に全部繋がっているのです。地球の表面が人で、中心が間で、人間の間としては全部同じです。

最近は男女平等と言いますが、実際はありえません。裸になったら違うではないですか。男女は人間としての差別はないが区別の使命があります。本当の男女同権は、お父さんもお母さんも同じ青森県、これが男女同県です（笑）。だから二十一世紀はオンリーワンの区別と地球の中心の普遍的な人間でなければいけないのです。

日本の菊のご紋は宇宙構図で中心を立て表面の分を明らか（オンリーワン）にして、中心に結ぶ中心帰一で、小は原子から大は宇宙まで中心があって安定し、その中心がより大きな中心に統一され、それぞれの中心をめぐって一糸乱れぬ統制と運行を続けているのがこの宇宙です。

菊のご紋が示すようにお母さんが中心で父が頭です。これが日本の家庭です。中心というのは〝なかごころ〟と言い、子供の喜びを我が悦びとなす母ごころの誠の心が臍心で、永遠の母との繋がりが臍です。

お母さんとは何でも聞いてやる。どんなことでもまず聞くのです。三ッ児の魂百までもで、三歳までが母でなければいけません。三歳過ぎると「クソババァ」なんて智恵が出てきます。三歳で人生が決まってしまいますから母となる女教育が一番大切です。

我々は宇宙法則によって生かされています。今日も根城の館という所で日蓮様の「南無妙法蓮華経」というひげ文字を書いた石塔を見てまいりましたが、「法」はひげ文字に崩せないから楷書で書いてあります。

人間は生まれたら必ず死にます。一日は二十四時間、子供が生まれるのも昔も今も十月十日。宇宙法則は絶対変わらないから法は崩せません。人は法則によって「生かされている」のです。

車にカーナビというのがあります。私はカーナビを見た瞬間に、〝月ナビ〟だと思いました。

我々が住んでいる地球というのは、お月様の指令で動かされているのです。月と太陽によって海の潮の干満があり、また、フグは満月に来て産卵し、引き潮で去って行きます。大学も出ていないのにすごいと思いませんか。それは全部お月様の指令です。それを月の経と言います。これによってこの世の動植物は動かされています。

ですから五臓六腑から、脳、腕にいたるまで全部「月」を書きます。この月の指令に従がわないと不健康になります。

カーナビもそうです。変な方向に行くと、「方向性に従って走行して下さい」と叱られるでしょ、それが〝病〟であり、〝貧乏〟であり、〝悩み〟です。病、貧乏、悩み、は人間の三大不幸と言います。またなぜ不幸になるかと言うと、自分は人間だと思うからです。その思う心から病気になり、悩み、貧乏になります。

つまり、人間だけ相手と自分を比較対照するからいけないのです。動物は自分は犬だとか猫だとか貧乏だとかは思っていないから、病も貧乏も悩みもないわけです。ですから、悩むのは、それは人間だけに与えられた最高の頭脳があるからであり、その頭脳の使い方が悪いだけの話です。

そして、人間だけが物を作ります。この世は人間と神なる大自然が作った物しかないのです。動物が物を作りますか？　あの百獣の王ライオンでも作った物はたったひとつ、歯磨きだけです……（笑）。人間の目的というのは、物作りだということがすぐお分かりになるでしょう。

物には、衣、食、住という基本の物に品物がありますが、最高の物は「人物」という〝物創〟です。

人から人間になる人物創りが、学校教育であり、このような市民大学講座なのです。「ハッ」と思ってください、何のために生きているかということを。飲んで食って垂れての製糞機のような人生ではつまらないでしょう。

（二）生きている意味

私は十九歳の時に、楊枝《ようじ》大の釘が飛んできて左の目に突き刺さり、事故で失明しました。これが本当の〝事故紹介〟です（笑）。

皆さん、明日はどうなるか分からないのです。時の流れはびっくり箱で、何が出るか、一瞬にして私は左目を無くしたように、人生はシナリオのないドラマです。

しかしこれも考え方で、神はその人にその人が必要なものを与え給ふと、何事も自己を磨く砥石として明るく受け、そしてまた何事もやってみることです。一パーセントの可能性に挑戦すると道は拓いてきます。

私は片目が無いのに昭和二十五年、警察予備隊に入ったのです。片目が無いのにどうして入ったかと言うと、目の検査の時に目を取り替えないで手を取り替えたからです（笑）。百パーセントだめなのが出来たのです。また、女房に、「なぜ片目の無い自分と結婚したのか」と聞いたら、〝一目惚れ〟と言いました（笑）。

以後、夫婦で頼まれ仲人を四十回ほどやりました。そして、ある時「なぜ忙しい自分たちに頼むのだ」と聞いたら、先生の仲人は縁起が良い〝片目の盃〟だ（笑）と言われました。だからこそ今日の目的である運命を拓く鍵は心にあると言いたいのです。

子供が生まれた時にこの子のために毎日一円ずつ貯金をしたら百年で何千万円になるかと思ったら、なんと三万六千五百円だけです。円を日に直すと百年生きても三万六千五百日しか生きられないのです。しかも、死んだら名誉も地位も財産も全て置いていくのに、なぜそれらの物にうつつをぬかして生きて不幸になっていくのでしょうか。人の夢と書いて儚《はかな》いと言います。お墓の無いのも墓無いです（笑）。

私は人の喜びを我が悦びとする心が誠の心で、それが人間の心だと恩師から教えられました。恩師中村天風先生との出会いは先輩が亡くなったのが縁で、死とは何ぞやと私は山の中で二年数ヵ月、滝に打たれ座禅を組み、何のために生きているのか？ 食うためか、食っても死ぬではないかと悩みに悩みました。

そんな時天風先生と出会った。先生に「死とは何ですか」と聞いたら、「この世の中には死んだ人は一人もいない」と言いますので、「おります、私の目の前で先輩が亡くなりましたから」と答えたら、「呼んで来い」。「呼んで来いと言っても二年前亡くなりましたから」と言うと、「だからこの世の中は生きている人ばかりで、死んだ人はもういない。人は死ぬまで生きているのだ」。

そんな当たり前のことに私は氣がつかなかったのです。そして、「死とはみんなが逝くところだから死んでから考えても遅くない」と言われました。思えばあの世はいい所らしい。その証拠に誰も戻ってこない（笑）。

私の知人で、三十数歳で自家用車にガスを入れ、子供一人を道連れに自殺したのがいた。自分は生まれながらにして大金持ちの息子で、結局みんな死ぬではないかとノイローゼになり、自殺したのです。

あの頃、自家用車や電話のある家は大変な金持ちでした。私などは古い自転車を買ってきて、その後ろに荷台を付けて自転車一台と後ろの荷台でちょうど三台と言っていました（笑）。結局、貧乏人のほうが欲しいものがあるから幸せが多いのです。

学者にもとぼけた人がいるようです。と言うのは、ある学者が勉強しているところへ女中さんが、「先生おはようございます！　今日は良い天気だから雨戸を開けましょう」と言ったら、「どうせ夕方閉めるからその必要はない」と言ったそうです。

どうせ死ぬからと自殺したと同じことです。こんな学者には飯を食わせるな！　どうせ腹減るから（笑）。

［二四］人生良いも悪いもどんとこい　運命を拓く鍵は心なり──2

（三）人生とは出会いなり

今日は市民大学でしたね。頭の良い人は大学に入らないのです。お釈迦様も頭が良いから大学には入らなかった（笑）。何かあるのが人生で、幸も不幸も心一つの置き処です。

以前、私が〝日本刑務所論〟を話したことがありました。一般の人は網走刑務所は知っていますが、日本刑務所はあまり知りませんね。死刑囚だけが入っている刑務所で、ちょっとした島で、海があまりに深いので塀がありません。そこにトロッコのような鉄道があって行き来しており、そこではお金も通用し、優秀な囚人は結婚が出来ます。

もうお分かりでしょう。〝日本列島〟のことです。外国へ行く時は出ゴク、帰る時は入ゴクでしょ（笑）。

この話を九州でした時に、十九歳の高校生が「今日の話は良かったです」と言って私の所へ来ました。その高校生は少年院に入ったことがあると言いました。そこで私は、「学習院は私立だが少年院は国立だ。しかも実地試験だけだ」と言ったら、それを聞いた高校生は国立を出たと言って胸を張り、今は四十歳くらいですが、商事会社の社長をしています。考え方を明るくしただけの話です。

人生とは出会いにして、幸不幸はめぐり合わせの人の良し悪し、我が恩師中村天風先生から人間を直接生かしているのは神や仏でもなく、〝神経〟（神の道）だと。

神経によって我々は直接生かされているのです。人間が死ぬということは、神経がストップすることです。人間は死んでもすぐにはなくならず、だんだん腐って空氣になります。

そこで、空氣とは何かとさんざん考えた結果、それは虫の塊だと思いました。二十一世紀はおそらく空氣からエネルギーと食料が出来るでしょう。人間が死ぬとその人の祖先の氏虫（蛆虫）たちが来て空氣に変えてしまいます。虫の知らせは先祖の知らせでもある。「今日はムシムシしますね」と言うように、空氣中に虫がわく、その虫をまた小さな虫が食べて最後にその虫を鳥が食べて、その鳥を月給トリが食べているのです（笑）。

絶対に空氣は虫です。だから虹や蜃気楼に虫の字がある。これはそのうち科学的に解明するでしょう。

また、お天道様に光がないことも科学的に分かったようです。高い山に登ると太陽に近づくのになぜ寒いのかと思いませんか。太陽には光はありません。氣が出ている。その氣が地球上の空氣にぶつかって熱と光となる。だから自転している地球の南北は抵抗力が少ないから寒く、赤道の所は熱いのです。

さて、我々は神様の道・〝神経〟によって生かされていると先程言いました。では、その神経が誰の支配下にあるのかと言うと、それは心です。

その心の状態によって、神経が広くなったり狭くなったり、時には氣絶からショック死してしまいます。ですからどんな時も、心は明るく朗らかに生き生きと勇ましく、笑いというのが大事なのです。人間だけが物を作ったり悩んだりしますから、そのストレス解消には笑いしかありません。笑いは神の神薬です。そして、神経を支配しているのは心であるから二十一世紀は心の時代で、宗教や主義ではない。

天風先生は、肉体＋α＝聖《ひじり》の体と言います。αというのはどうするかと言うと、肛門を「キュッ」と締めることです。方法は、手を握ったまま人差し指だけを出すと肩から力が抜けるでしょう。力を抜く方法は、ただ人差し指を出すだけです。そして肛門を締めることが落ち着く方法なのです。その時に聖の体になります。

どういう感覚かと言うと笑っている姿です。肛門を開けながらでは笑えません。笑った瞬間に締まってしまいます。ですから、笑う門には福来たるで、笑うと本当に健康になります。なぜかと言うと、肛門を締めると同時にお臍まで締まるからです。

笑うことによって永遠なる自己の臍と、有限なる尻の穴が笑う道で繋がるから工《たくみ》という字になります。工というのは、空にも虹にもあるのです。ですから肛門は〝幸門〟で、肛門が開いたらあの世行きです。何かあったら「キュッ」と締めてください。だから尻とは九と書く（笑）。

私はこういう顔ですからよく喧嘩を売られます。山手線で五、六人のチンピラに肩が触れたと因縁をつけられたことがあります。その時、私は肛門を締めて落ち着き、電車の中での喧嘩は人に迷惑と思い、手話で耳が聞こえない振りをしました。すると、チンピラ共は耳が聞こえないのかと相手にならず駒込で降りたので、私は窓を開けて、「こらチンピラども、日本人はくだらないことで大衆の前で喧嘩を売るな」と言ったら、チンピラたちは、「こいつ聞こえるのか」と近づいて来たが、電車は走り出した。

ですから、何でも良いから肛門を締め、人差し指を出して落ち着くことです。

漢字はいい〝感字〟で、悟らせてくれます。肉体という字は人が二人と書きますが、人が二人いる漢字は何だろうと思ったら、それは頭と臍です。この臍が永遠の自己を悟るのです。

五という数字は、四と比べると大きいが、六より小さいのです。ですから幸せというのは相対的です。心の使い方によって、病になり貧乏になり悩むのです。

仏教では諸行無常と言います。諸々の物は常に儚い。つまり動いているということです。私たちはだんだん焼き場に近づいているのです。

人生のプロはプロセスを大切にすることですから、一瞬一瞬心を明るくして、常にプラス思考でいくことが大事なのです。それを余計なことを考えてしまうからいけないのです。

たとえば、赤い犬がいたとします。十字路があり、犬は最初に左を見て右を見て真っ直ぐに行きました。なぜ最初に左を見たか分かりますか。動物はすぐ分かります。両方いっぺんには見られないからです。

人間は固定観念で赤い犬で左だから共産党ではないかなどと考えてしまうからむずかしいのです。あの人は市役所の役人とか、東大出は頭が良いとかの固定観念です。固定観念は捨てましょう。そうすれば良く分かります。

カエルはカエルで完成されたもので、進歩がありませんが、人間だけは未完成動物で、教育によって変わるのです。

たとえば、私は神主をしていますが、お稲荷様の鳥居は真っ赤です。どうしてだろうと余計なことは考えなくてもよいのです。あれは色を塗ったから赤いのです（笑）。正月のお餅はなぜかびるのか？それは早く食べないからです（笑）。

そういう考え方が大事で、人間は瞬間に心の転換をしていかなければいけません。魚を貰うと魚のあるうちは食べるが無くなると食えなくなるが、魚の捕り方を教わると一生食えるように、私は恩師から生き方を教えられたのです。

心には潜在意識と実在意識があります。人間の額は実在意識と言い、ここで金勘定をします。たとえば、今日の市民大学の会費は高いか安いか額で勘定します。だから金額と言います。みんな額で悩むから病氣になり貧乏になるのです。

ですから、金〝勘定〟と心の〝感情〟は全部〝額〟です。お尻で勘定する人はいませんが関連はあります。ケツ算、帳尻と言いますから（笑）。しかし、この直接的な額の心で、神経が太くなったり細くなったりするのですから、何か事件があった時は心を安定させるために肛門を締めることが非常に大事なのです。

もうひとつ、腹にある腹脳を潜在意識と言います。これは、何万年の意識形態である遺伝子が、この潜在意識に入っているのです。米ひと粒の五十億分の一の重さが人間の遺伝子だそうです。そんな小さな所に百科事典千冊分の情報六十億がインプットされているのです。それがＡＴＣＧという四文字で、いざなえる縄のように書かれているのです。それを書いた偉大な神または宇宙霊を科学的には

〝サムシング　グレート〟と言う。聞いただけで寒くなるが（笑）。日本の言霊ではお蔭様という庶民の言葉には温かさがあります。その遺伝子がスイッチオンにするのは心の明るさと笑いであると言う。

さて、潜在意識を良くするのは、毎日の心の使い方です。人間は暗示によって生かされています。たとえば、やくざ映画を観たあとはやくざになったつもりで出てきますが、それも暗示です。その暗示を利用したのが、夜の寝際の暗示法です。

どうするのかと言うと、夜、鏡に向かって、「お前は信念が強くなる！」と言って寝るのです。これを命令暗示法と言う。そうすると今言った言葉が潜在意識に入ります。そして朝起きたら、「お前は信念が強くなった！」と断定します。それを断定暗示法と言います。これを三ヵ月やると潜在意識という人間の心の倉庫である観念要素が、信念が強い人間となってきます。

この潜在意識に悪い物が入っていると悪い人間になります。それが心の法則です。「心にもないことを言いました」と言うが、心にあるから言うのです。こんにち殺人事件があったというのも、恐らく赤ちゃんの時代にテレビの前に寝かせ、それが潜在意識に入ったからでしょう。テレビの前に赤ちゃんを寝かしてはいけません。内容の悪いテレビが赤ちゃんの真っ白な潜在意識にインプットされてしまいます。子供がシンナー遊びをするのも、母親が爪を塗った匂いが、赤ちゃんの時の郷愁です。

教育の根元は女性にあるのです。男は社会に出て苦労をして、女のために生きているのです。女は子供のために生きているのです。それが大自然です。

ですから、二十一世紀のみならず、日本は昔から女を大事にする国なのです。和歌の最初は「八雲たつ　出雲八重垣　妻ごめに　八重垣つくる　その八重垣を」との妻ごめは、母が子供を産み、育てることは、ひいては国を生み、国を育てることです。

ですから、三歳までは母親の手で育てて、人間としての基礎の三歳までの潜在意識を育てたのが日本のかつての大和撫子であり、暗示による寝物語りであり、それが日本の文化なのです。地球は女です。母なる大地と言うでしょ。国は母国、学校は母校と言います。航空母艦、八戸港も母港と言うではありませんか。つまり、ふるさというのはお母さんなのです。

（四）潜在意識

我々武道の修行は臍の修行です。つまり無私無心の母心を悟る。臍なるお母さんがいるから悩みも疲れも取れ、体が空《カラ》だになるのです。

胃も腸もあるアル臓なのに、なぜナイ臓（笑）と言うのでしょう。このようにありがたく生かされているのに、生きているなどと言うから病氣になるのです。何でも「生かされている」という感謝の氣持ちを持つことです。

現に宮城県の「匠」という建設会社の部長さんが、末期ガンであと三ヵ月の命と言われ、どうしたら良いか相談されたので、ガンという字は品物が山に貯まると癌になる字だ、捨てなさいと言いました。

つまり、この世は循環交流、落葉帰根で人間の体も循環器による新陳代謝で、これが詰まると車も人もジュウタイ、流れていると健康なのです。だから、全てを捨てて心を明るく朗らかに生き生きと勇ましく何事にも感謝の氣持ちで〝空だ〟になりなさいと教えたら、この方は三ヵ月どころかもう二十年も生きています。

私は毎月第二木曜日に東京にある医者の会合で、生命医学の話をしていますが、医者が私の話を聞こうと言うから、世の中おかしいと思いませんか。

私は、昔、右足の膝に水が溜まり抜いてもらいましたが、またすぐに溜まり、それを何度も繰り返したところ、その医者は「もう歳だから」と言うので、私は頭に来て、「左足も同じ歳だ」と言ったら、医者は大笑いしていました。そこで、私は先程話した命令と断定の暗示法で「治る」そして「治った」と、一週間で治しました。

神様が与えてくれた人間の心というのはすごいもので、使い方によってどうにでもなるのです。つまりプラス思考です。ちなみに、私の家のネジは全部プラスです（笑）。

人間改造は、潜在意識を改造するのです。でも簡単には出来ません。だから毎日毎日命令、断定の暗示法をするのです。この方法は絶対に知ってほしいのです。そして、何かあった時に肛門を締めて、目を半分にしてにっこりと笑えば良いのです。笑うと口が緩み目が細くなり、顔の皮が活性化して〝皮いい〟かわいい人になるのです。おばあさんでも笑顔はかわいいし、一円玉のような顔でも笑顔はかわいいのです。一円玉とはそれ以上くずせない顔です（笑）。

知ってほしいのは、人間の体は自分の物ではない、神からの借りものだから神体というのです。その証拠に歳をとる。

あるクリニックの院長が、「神様はいるのでしょうか」と質問をしました。私は黙ってその人の顔を捻りましたら、「イタイ！　イタイ！」と言う。つまり、自分の顔は絶対に見えないが感ずるように、神様は見えないけれど感じるのです。この神理は真理にして深いのです。

（五）何を残してあの世へ逝くか

私は、色々な荒行をやって来て思うには、大自然というものは実にうまく出来ている。この宇宙は生命体であり、動植物の生命維持機構の摂理は驚嘆の一語の神の叡智である。この大自然の法を知れば幸福になるのは簡単なことだと悟りました。

例えば食べ物は良く噛んで食べれば良いのです。噛めば噛むほど丈夫になります。医者は、やれビタミンを、やれカルシウムを摂るようにとか言いますが、そんな必要はないのです。感謝しておいしく食べる。それしかありません。

人は体の中で自然にカルシウムを作る機能を持っているのに、外からカルシウムだけを入れたら、中の人（機能）は失業してだめになってしまいます。それが今の科学です。

定年になってボケる人が多いのは、頭を使ってないからです。だから頭の中にいる考える人（細胞）が、自分はいらないと思って去ってしまうからボケるのです。そういう人は梅干を食べると良いようです。すっぱい刺激で頭が良くなるのです。人間は刺激で生きているからです。

氷という字も、水は刺激で氷るという字であり、命も「人を一つ叩く」と書きます。今はこの不景気です。良くなるために叩かれているのです。だいたいケーキはおいしいのです。なぜまずい不景気を食べているのでしょうか（笑）。

しかし、それも考え方で、私たちの飲まず食わずの時代と比べれば、こんな幸福な時代はありません。車あり冷蔵庫ありテレビあり携帯電話があるのです。昔は車も電話もありませんでした。

結局は人間の心の使い方で、まず朝起きたら鏡に向かってにっこり笑い、今日もよろしく頼むと言えば良いのです。そして、夜寝る時には信念が強くなると思って寝れば良いのです。そして、夜は自分の体を褒め称えてあげることが大事です。

前に話したように、自分の体は自分の物ではありません。その証拠に歳をとります。私の体は神様の物だから神体です。心と体は私の従業員ですから、喜ばせなければいけないのです。

自分の心と体を褒め称えるように、神社に行ったら自分のことは頼まない。神様を称えることを祝詞《のりと》と言います。結婚式でお祝いの言葉も祝詞で、新郎は優秀な成績でご卒業、これは嘘です（笑）。それが嘘でも嬉しいものです。

ですから、子供を育てるにはまず褒めることです。二つ褒めて一つ叱って七つ教えるというように順番があるのです。

人間の体も褒め称えてあげるのです。そうすると、体が喜び生き生きとして病氣も治りお金まで入ってくるのです。

私はこの心と体の法則を恩師と出会って初めて知ったのです。人間は出会いです。私は、友と師と本との出会いがあり、その中で素晴らしい師匠との出会い……まさに三年稽古するよりも三年師匠を探せと言うように、師の影響は大である。

人生を活きるのに三つの事がある。一つは職業を持つ事。二つは趣味を持つ事。三つは命を賭ける物を持つ事である。

この世の中に生まれたら、自分に適した職業を知ることです。つまり志を持つことです。だがしかし、人生において離婚や離職があるように、志は第二義的で変わります。第一義的生き方は、どんなことがあっても自分の心だけは明るくしていると運命が拓くように、心の法則が出来ているのです。

そういうことを教えてくれるのが趣味です。一週間に二度か三度の武道や踊りの稽古、お茶、お花の稽古、子供だったら読み書きソロバンなど。

そのお稽古事を通して、何のために生きているのかということを師匠が教えてくれるのです。日本は六歳の六月六日は、無、無、無になる稽古始めに、深い文化があります。

そして、母は子供のために命を賭けるように、命を賭けても惜しくない人や思想や仕事を持つことです。人間の最高の生きがいとは、命を捨ててもよい人に会うことです。化粧は自分のためと人のためにするように、人は誰か相手がいないと淋しいものです。お互いが認め合うことが平安の世である。

私は、少年時代はヒコウ少年で飛行機に乗って特攻隊となって国のために命を賭けるのが最高の生きがいでした。戦争の良し悪しではなく、国のため、母のためにと、私たちの年代の人々が英霊として散っていったのです。

日本の使命は母心で、世界を平和にすることです。しかし、今は日本の本来の美しい母心、誠の心が失われています。平気で人を殺すような日本人の心に誰がしたのでしょうか。それは我々にも責任があります。それを何とかしたいと思って、私はこうして講演をしているのです。

昔、妻と共に特攻隊の基地、鹿児島の知覧へ行ってきました。過去の私を思い出して泣いて泣いて泣いてきました。

十七歳の少年の遺言には、「お母さん、お先に旅立つことをお許しください。明日特攻隊としての名誉の命令を受けました。あと一日の命です。十七年間の私の過去を振り返った時に、私は何のために生きているのかやっと分かりました。隊長が教えてくれました。人間の命は、心と体と魂が一つになっての命であり、心と体は道具で魂は永遠の私である。そして、日本にも永遠の魂があり、それを国体と言います。私はその国体に莞爾として命を捧げます。天国で待っています。銃後をお願いします」と書いてあり、最後に大きく〝さよなら〟と書いて、少し小さく〝さよなら〟、さらにまた小さく〝さよなら〟〝さよなら〟〝さよなら〟との文字が胸に迫り、涙・涙・涙であとは読めませんでした。滂沱の涙の中に私の過去とその少年たちを思いながら帰ってきました。

思うに我々は、好むと好まざるとにかかわらず、日本人として「この世に生まれ、誰もがこの平成の御代を通り過ぎて逝く。されば何を学び何を成し、何を残してあの世へ逝くか」、これが私の勝負です。この市民大学も何を学ぶかにあるのではないでしょうか。ご静聴有難うございました。

［二六］ 現実只今

〝何かあるのが人生〟とは私の口グセであるが、人生は現実只今の今、今、今の一瞬一瞬を生きている。その今の現実只今に金がなく、二っちも三っちも、どうにも出来なく、悩みに悩む時あり、またトゲ一本刺しても痛い肉体に、大きな怪我の痛さに耐え切れない時あり、また病いに倒れ高熱に浮かされ悶々と悶え苦しむ時あり。

そしてまた、出物腫物ところ嫌わずで、大小便が今にも出よう出ようと催す時の心の苦しさは、名誉も地位も財産も通用しない。

有るようでないのは公衆便所、しかも〝トントン〟「入っています」〝トントン〟「入っています」の待ったなしの切羽詰まったギリギリの一瞬々々の時は神仏を信じない人も、心では神様間に合いますようにと祈ったはず。そして下着を脱ぐのももどかしく、間に合った時の安堵感は何よりも変え難し、まさにスカットさわやかお手洗い！　の清涼感。思えば地獄極楽は厠の戸の内外か、まさに「世界平和も糞クラへ」の現実只今の体験は、一度や二度誰もが身に覚えのあるはず、我が戯れ歌に、

「お伊勢様には一生に一度、氏神様には月参り、厠の神には日に三度、時によっては百度参りのご信仰」

思うに一人ひとりが現在只今の今、ここで生きており、飲食も大小便も呼吸も病いも、親子でありながら屁一ぱつですら貸し借りが出来ない自己自身の自己である。

笑顔は力なり

病い、貧乏、煩悶は人生の三大不幸にして、中でも病いは金を積んでも治らない病いがある。ある癌患者の話である。

生まれも育ちも良く、順風満帆の幸せな人生を歩んできたある二代目社長が、五十代の半ばで癌に罹り病床に臥した。

意気消沈したその人が、独り淋しく病院のベッドで物思いに沈んでいると、暴風雨で曇ったガラスの外で、人が動く気配がするので、ガラスを拭いて眺めると、雨合羽を被った新聞少年が、新聞を濡らさないように気を配りながら走って配達していた。そのひたむきな少年の姿に感動した社長は、ふと我れにかえり、我が少年時代はどうだったろうか、何の苦労もなく育ち、しかもその後二代目社長となっても、社員や多くの人々のお陰で会社も順調に経営してきた。それなのに、私は人の為や社会の為に何を配達してきたであろうかと思案に暮れた。あゝ、病床に臥した今となっては、如何とも仕難き自己自身の今の運命に悩み苦しんだ。

数日後のある日、長男夫婦が見舞いにきた時、「オジイチャン」と三歳の孫が抱きついてきた。癌で悩んでいるのに、孫は何の不安も邪気もない、天真爛漫な澄んだ瞳の笑顔で話しかけられ、心が癒され時のたつのを忘れた。帰った後も笑顔の余韻が漂い思わず頬がゆるんだ。

その時ふと内なる声を聞くように、「そうだ！ 笑顔なら病床でも配達出来る」と閃き、心に光が灯った。そして孫の笑顔を思い浮かべただけで自然に顔がほころび、心からの笑顔となった。

その心の笑顔でベッドに横たわりながらも、看護婦さんにも、掃除のオバサンにも、感謝の言葉と、心からの笑顔を配達した。すると、その部屋の雰囲気が明るくなり、近くの患者達とも自然に会話するようになり、互いに話しに花が咲き、笑いの渦から病いを忘れる時間が多く、いつしか自然治癒力により癌は快方に向かい、一年半後に退院した。

我が色紙に「笑いは万国共通の祓いの言霊にして万病の神薬なり」と。〝笑顔にまさる奇麗な化粧なし〟で、古来ブス女とは、顔は美人でも！ ブス！ とした顔のことであり、動物の顔は皮膚であるが人間は面の皮と言うように、人間のみが喜怒哀楽の感情の表現を変えるから、変化の川と同じの面の皮である。

また落語では、「一円玉のような顔でも、笑顔は可愛い」「一円玉とはそれ以上くずせない顔」とは落語のオチである。

我が笑顔の色紙に、「笑顔こそ神の扉を開く鍵、内なる真我は光り輝き運命を拓く」と。生涯ほんとうの自分の顔と後ろは見られないように出来ている、とは過去も未来も現在只今の今、今の永遠の只今を悟れと、身体は神体で体の言葉の体話である。まさに〝さしあたる事柄のみをただ思え、過去は及ばず、未来は知られず〟である。

面白いから笑うは自然の道、人の道は嘘でもいいから親孝行、嘘でもいいから善い事を、嘘でもいいから笑顔でいると運命が拓くように宇宙真理が出来ている。

笑顔は力なり！　こう書いている私の書斎には、笑顔も心も美しい我が家の嫁さんの笑顔の写真を掲げ、無言で語りかける笑顔から力を戴きながら筆を走らせている。

その昔、九十六歳にして矍鑠《かくしゃく》としていたおぢさんの書斎兼寝室を、亡くなってから見せて戴いたが、なんと若き女性の裸の写真が数枚貼ってあった。若き裸の女性の写真も力か、所詮陰陽の男と女の世の中、四十代の若き男性が大病に罹り医者が匙を投げたのに、若き女性二人が素裸で挟んで治したことありと、医者に聞いたことあり、また大地は母か、大病の人を素裸にして土の中に埋めては病いを治した話もありと、隠れた面白い話がある。

我れすでに七十七歳の喜寿、若き女性の裸の写真を掲げるには人の出入りが多い書斎と、サムライの私には恥じらいあり。

譲り合いも力なり

〝満員電車、昭和が座り明治立ち〟の昭和時代、疲れ疲れていたので、ホームに並んでは、次の電車に乗って座った。

ところが年老いたおばあさんが私の前に立ったので心は乱れた。折角座る為に並んだのにと心は迷い、寝たふりをしながら、誰か若い人が席を譲らないかと、細目で見たがそんな人は一人もいない。

常々人に対し、ほんとうの自分の顔は生涯見ることが出来ない、ということは人は他人を幸せにする為に生きていることであり、特に相反する夫婦は、夫は妻の為に、妻は夫の為にが夫婦の和であり、そして色紙には「夫婦は最も近い他人にして生涯の修行の相手、師匠になったり弟子になったり」と書いているくせにと自問自答し、自分が自分との葛藤となった。そして〝エィままよ〟と立って、「どうも気がつきませんでした」と、知っていながら初めて気がついたふりをして席を譲った。おばあさんは三拝九拝するように頭を下げ、お付きの娘さんからもお礼の言葉を戴いたその瞬間、あれ程疲れていたのに、一瞬にして疲れは消えたのである。

その時初めて「人の喜びを我が悦びとなす心が誠の人の心である」との中村天風先生のお教えを体感した。

譲り合いも力である。

誠の心は教育によって身につく。

戦後の教育で育った親達や若者は席を譲るどころか我れ先きに席を取る人が多い。

始発電車に乗るべくして多くの人が並び、ドアが開くと、大人の間をぬって子供が飛び出して席を取って「ママ、ママ早く早く」と言ってお母さんを座らせた。お母さんもまた「坊や有難う、座れてよかったね」と褒めている。

こういう人達は概してパパ、ママと言うとは言語学者の本に書いてあった。

私はそのお母さん、いやママの前に立って、子供に席を取られ嫌な顔していた近くの人達にも聞こえるように「親孝行な坊やですね、将来はお相撲さんになった方がよいですよ」と言った。その心は、今からセキトリ（関取）をしている。

この高級料理の言霊のシャレは、ママというお母さんには通じなかった。

明るい言葉も力なり

褒められたり、礼を言われると疲れがとれるように、人を鼓舞する言葉は力である。

我が恩師中村天風先生の力の誦句がある。


私は力だ。力の結晶だ。

何ものにも打ち克つ力の結晶だ。

だから何ものにも負けないのだ。

病いにも、運命にも、否、あらゆるすべてのものに打ち克つ力だ。

そうだ！ 強い強い力の結晶だ。


合気道の合宿中、この力の誦句を全員で、力強く唱えると力が湧き元気になる。

また食も力で、断食体験者は、誰れもが感ずるように、例えば一週間の断食の後のお粥一杯が、食べたその瞬間から力が漲ぎり、食こそ生命を実感する。

しかし心によって、体が硬直したり、時には気絶からショック死するように、心は川上で体が川下であるのに、形のある体のことを優先し、形のない心をおろそかにする傾向がある。

「体には正食を、心には言葉を」で心の食べ物は言葉であり、それを表現するのが本である。家庭も学校も、言葉と本による人物創りである。

酒を飲むと酔い毒を食うと死となるように、悪い言葉や本は、心が腐って人から嫌われる。短い和歌や俳句、そして格言は洗練された歴史的高級料理である。

それに対し「長話し一人の満足、皆んなの迷惑」。されば、この原稿もこれまで。

［二七］本心良心

浄土真宗の開祖・親鸞の嘆異抄の一節「悪人においておや…」の如く、泥棒にも本心良心があるからこそ顔を隠し夜忍び足で来る。

「悪いなぁ」と思う心が人間の本心良心なのに、最近の凶悪犯罪のニュースを見る度に本心良心が無いのかと疑いたくなる。

その昔、西瓜泥棒が、五歳の我が子を見張り役に「誰れか来たら直ぐ知らせるんだよ」と言い含めて西瓜を盗み始めたら、「お父ちゃん、お父ちゃん、見ている、見ている」との声に、子供を脇に抱えて逃げたが人が居る気配がないので、「誰も居ないではないか！」と言えば、「ノンノンさんが見ていたよ！」と子供は答えた。それを聞いた泥棒は顔色を変え、「なにィ！お月さんが見てたァ！坊死んだお母ちゃんに聞いたなァ！ああァお父ちゃんが悪かった、ノンノンさんが見ていたか、いやお天道様が見てござる、空気が見ている、俺れの心が俺れを見ている」と子供をしっかりと抱きしめて泣いた。

すると月が雲間から顔を出し親子を照らしニッコリ笑っている様であった。

負うた子に浅瀬を教わる譬え、その西瓜泥棒は本心良心が煥発され、仏門に入って修行、ついに曹洞宗の偉い坊さんになった。しかも一番偉いのに、時どき受付けにおり、修学旅行の子供達や観光の人々に面白く然もなるほどと納得する説明で、悩み苦しむ人々の心に光をともして救っていたと言う。

とくに錆が錆を呼ぶように、小さな悪が大きな悪になる泥棒の話は、元泥棒故に事のほか面白く、涙を流す子供もいるほど、本心良心を引き出し、悪の芽を摘む笑いと涙の説法であった。

思いやり

「人と人、国と国との争いも、全て額の感情のもつれから始まる」は、我が色紙の中の一つの言葉であるが、人は本心良心が隠れて、ついカァッ！となって額にある心の感情で争い、時には人を殺傷する時がある。

時は神にして悟りの親か、時がたつにつれて反省することが多いのが人の世である。

ある夫婦にまつわる話である。

気の弱い亭主が、結婚式に出席するために、貸衣装を借りて来たが、ズボンが少し長すぎたので妻に「十センチだけ短くして」と頼んだが、妻は姑と口喧嘩した後であったから、「私は掃除洗濯に台所と忙しいんだ、それくらいは何もしていないあなたを産んだお母さんにしてもらいなさい」と荒々しい声で言われたので、母に頼めば母もまた、「何のために嫁をもらったんだ。そんなことくらい、嫁にしてもらいなさい」と突っぱねられた。

仕方なく、同居している妹に頼んだが、妹もまた木で鼻をくくる如く、「お兄さんは結婚したんだろう、お兄さんはもっと強くならなければ駄目よ。いつも尻にしかれて、側で見ていてイライラするわ！これやっておけ！と命令しなさい」と言われ、夜も遅く頼む所もなくズボンを置いて寝た。

時がたつと本心良心の思いやり、愛《いと》おしい心が生ずる。

その夜、隣りに寝ていた妻は、「ついあんなことを言ったが、好きで結婚したのに、悪いことを言って仕舞った」と、寝ている夫の顔を見ながら、ズボンを短くしてあげた。

今度はお母さんが、「あんな気の強い女と結婚したばっかりに気苦労が絶えないだろうな、可哀想に」と思い直し、そーっと起きてズボンを十センチ短くしてあげた。夜明け前になると妹は、「兄と二人きりなのに、ついつい感情であんなことを言ったが、針仕事も出来ないお兄さん、結婚式どうするんだろう」といたたまれなくなり、そのズボンを十センチ短くしてやり、そーっと置いておいた。

朝起きてズボンを穿いた亭主はビックリした。なんと、ズボンは半ズボンになっていた。

争うも生きるも共に近き人
心しだいで道となりけり　（乾舟）

個人も国家間も、近いもの程争う。その反面、目の前の物や、近い人達によって生かされている。

お蔭様

すやすや寝ている孫を見ていると、目には見えない守護霊に生かされているなぁとつくづく感ずる。

私は昨年の十一月クリントン元アメリカ大統領と会ったが、今年高齢で亡くなったレーガンとは会ったことはないが、次の話をある人から聞き、心に残った。

レーガンが大統領時代、ある晩餐会の席上来賓として立って祝辞を述べた折りに、

「私は過日ある宗教家から次のような話を聞きました。

その人は、長年宗教家として多くの人々を教化育成し、その地位を子供に譲り、長い長い宗教家としての人生をふり返り、そこには当然神と自分との足跡が鉄道のレールのように二本あると思った。ところが足跡がところどころ一つしかなかった。

驚いたその宗教家は早速神の所に参り、『私は神なるあなたを信じて、今まで宗教家として歩いてきたのに、あなたは時々私を見捨てましたね』と詰め寄った。

『それはどういうことだ』と神は尋ねた。宗教家は語気を強くし、『私の過去の道を尋ねたら、ところどころ道は一つしかなかったですよ』と。

すると神は、その人の顔をつくづく眺めながら静かに、『あなたの長い長い人生山河の間には、ひとりではどうにも解決出来なかった事があったでしょう』と念を押せば、『それはありましたよ』と答えれば、『その時は、私はあなたを背負って歩いたんですよ、一つしかない足跡は私の足跡だ』と神は答えた。」

レーガン大統領は言葉を切り、多くの人々を眺めつつ、「私はこの話を信じます。なぜならば大統領という大変な任務を執行するのには、お蔭様という神を信じないと出来ないから」と。

つらつら思うに、大きな交通事故の時は、神はその人を気絶までさせ、その間、八百万の神々が集い給いて、その人の生命を守りつつ治し給う。

あたかも大きな病気や怪我の時は、全身麻酔で手術する様に多くのお医者さんや看護婦さん達は、さながら八百万の神々であり、気がついた時は手術は終わり、あとは自然治癒力を待つ如く、人には守護神というお蔭様と八百万の神々に生かされているのである。

そのお陰様の大好きなものは金や地位や財産でなく、常に明るく朗らかに生き生きと勇ましく、何事も大肯定の明鏡の心であると言う。

顕幽一如

この世に顕《あら》われているものは、全て見えないお陰様の幽《かくれ》たものによって顕われている。

まさに〝ウラ、オモテ〟、あの世があってこの世がある。

人の話によると凶悪犯罪は一件もなく、また花の売り上げが日本一が鹿児島県であると言う。

知る人ぞ知る、なんと鹿児島のお墓の花は一本も枯れたことがない程、人々は墓参りをしている。

親と共に子供も一緒に先祖を大切にする家庭環境から犯罪の少ない鹿児島となった何よりの証拠である。

神や仏壇のない家庭が多い今、思いやりの本心良心が隠れている。
平和とは穏やかで親しみ融け合う思いやりの心である。

［一二八］成りきる

創刊三十周年*、心からお祝い申し上げます。（*掲載誌『合気ニュース』、現『道』のこと。）

世間の世は三十年のことで、何事も三十年続くと世間話となるように、合気ニュースも武道の本らしく縦書きに変身、三十年の歴史を刻み悠久の大河の風格が漂い、うれしく存じます。

思えば昭和三十年頃、開祖植芝盛平翁に「合氣とは何ですか」と問えば「合氣とはわしの事じゃ！」と一喝されたことがあるが、今や合氣道は知らない人がいないほど発展したが、道を行ずれば行ずるほど、合氣は説明できない。

時代は人物を創り、人物は歴史を創るように、歴史は人物史である。

日本即サムライというほど、日本は武士道国家で「恥と誇りに生きる」サムライが国の政治を司ってきた、現在の公務員は本来サムライである。

ご存知、宮本武蔵や、柳生但馬守、そして三代将軍家光に影響を与えた沢庵和尚の話の中のひとつに味をつけて書きあげるが、さてどうなるか。

沢庵和尚虎の檻に入る

徳川三代将軍家光公が将軍となって三年目。

日本に初めて虎が来て諸大名と共に見た所から、その名となったのが今の虎ノ門である。

諸大名に旗本たち二百余名、檻の中を行ったり来たりする虎を見ながら、

「これがきさしにまさる猛獣の虎か」

と、目を皿のようにして見つめた。

老中を左右に従えて着座した家光公、

「ほうこれが百獣の王、虎か」

と、眺めながら、ふと、人を入れたらと思った。

入れるには誰をと考えた時、幕府に抗弁するほどの快僧、沢庵和尚が浮かんだ。

将軍であろうと、家康であろうと、同じ人間じゃと、いつもズケズケと苦言を言う沢庵に、一度恥をかかせるちょうどよい機会だ、されど最初に〝入れ〟と言っては常日頃の遺恨からと思われかねない。

そこで一策を企んだ。

「だれか虎の檻の中に入る者はいないか、褒美をとらすぞ！」

と言って、大名、旗本たちをぐるりと見わたした。

——冗談じゃないよ！　中に入って虎に食われたら褒美も何もないわい——と皆顔を見合わせながら話し合った。

すると家光公は、近くに控えていた柳生但馬守に目をやりながら、

「おお、但馬がいるではないか、剣をとっては日本一、そちの剣は虎に通用するかな、入るか！」

――嫌と言えば恥をかく、まして殿の命令は至上命令、嫌とは言えない――。

「はぁはっ」と言って、袴の股立《ももだち》を取り、十字に襷《たすき》をかけ、檻の中ゆえ短い木剣を手にして、殿にうやうやしく一礼した。

家光公も命令したものの、虎に食われては大切な家来をなくすと、内心悔悟したが、ことは運んでしまった。

檻の鍵を開けようとガチャガチャとさせると虎は「ウォー」と唸ってよってきた。

但馬は虎が後ろを向いた時、ヒラリッと中に入って、木刀をピタリと青眼に構えれば、虎は目をらんらんと輝かせ、今にも飛びかかろうとする。

青眼からやや中段に木剣を上げ、全神経を剣先に集中した。

その気迫に押され、さすがの虎も動きが止まった。

ジリッと間をつめれば、虎が下がる。但馬がスーと出れば、虎が下がる。ジリッ、ジリッと虎を檻の隅に追いつめ、フッ！と息をつめて一、二寸剣を突き出し、切先に氣を集中し呼吸を止め、ジリッ、ジリッと下がり始めると、虎は隙あらば飛びかかろうと体を沈めた。

並みいる大名たちは、息を殺して凝視し、シーンとした不気味な静寂である。

番卒がガチャッと戸を開けた瞬間、ヒラリと外へ出て、ピタリと戸を閉めて、ホッと一息つけば全身から脂汗が流れ出た。

固唾《かたず》を飲んでその対決を見ていた人々は、ふと我にかえって、やんやの拍手喝采を送った。

「うむ、さすがは但馬、でかしたぞ、褒美はのちほどとらすであろう」

と一同を見わたしながら、

「他に入る者はいないか！」

と申せば、皆あてられては大変と、殿の視線をさけた。

後にドカッと控えていた沢庵和尚に目をとどめ、腹の中では、当然「こればかりはご勘弁を」と命乞いをするだろうと思いながら、

「おお、ご坊はどうじゃな、いつも予に、知識よりも胆識とか、何事にも成りきる、とか申したが、いかがかな？」

と皆の前で恥をかかそうと思って申せば、

「あいよ！」

と答えてスーッと立ち、数珠を片手にツカツカと歩き出した。

見ていた人たちは驚いた。

――ありゃりゃ、剣一本で一万石の剣の達人柳生但馬守宗矩ですら、手に汗を握る虎との対決、それを悟っているとは言いながら、相手は獰猛な猛獣だ、命あっての物種、断わればいいのに食われちゃうわいな――と、凄惨な場面を想像しながら眉間にしわをよせた。

「開けろ！」

との沢庵の声に〝およしなさい〟と顔の表情で躊躇している番卒に、〝かまわん〟とあごで合図し

て開けさせ、のっそりと中に入った。

横になっていた虎は、ムクムクッと起き上がったから「さあ大変」と手に汗を握って見ていると、なんと虎は沢庵の裾にまつわりつき、足元にゴロリと横になった。

その虎の顔を数珠で軽く叩けば、虎は目を細め、喉をゴロゴロならしている。

「こりゃどうなっているんだ」

とびっくりした。

呆気にとられたのは家光公、沢庵が断ったところで恥をかかせようと思っていたのに、よもや入るとも思わず、止める間もなく、ススーッと檻に入ってのこの光景。

「はて、不思議なこともあるものだ」

と呆れて見ていると、沢庵は「また来るぞ」と人に物を言うごとく、グルッと背を向け、悠々と出てきた。

ボーとした番卒が慌てて鍵を開けた。

諸大名は、ただただ呆然として言葉にもならず、拍手することも忘れていたという。

さて初めての虎見物の後、酒宴となって家光公がたずねた。

「但馬、そちはいかなる心構えで虎の檻に入りしか」と問えば、

「食うか食われるか、柳生流の氣合をもって攻めましたる次第」

「ほう武術力じゃな、和尚おん身は」

「何の存念もございません」

「何の存念もない？　恐ろしくなかったのか」

「毛頭も！」

「はて、異なことを受け承る。猛獣が恐ろしくないとは」

「愚僧が常に申すように、虎といえども仏性あり、慈悲の心をもって接したまででございます」――と。

武術の但馬は、虎に勝とうという気迫は「相対的積極」であるが、敵をして戦う心無からしめる武道は「絶対的積極」で虎に成りきる、〃鞍上《あんじょう》人なく、鞍下馬なし〃の合氣の心で、枯淡超脱の禅僧沢庵の虚心平氣、何ものにもとらわれない、そのまま、そのままの姿に、家光公を始め、多くの諸大名は、術と道との深さに感激感動したという講談の一席、おそまつながらに付け加え、その後、ある人が虎に
「どうして沢庵を食わなかったのか」
と聞けば、虎は
「おれは肉食で、タクアンは嫌いでござる」
とは、この噺のオチである。

〔二九〕月ナビ

車はカーナビ、地球は月ナビで春夏秋冬に、海水の干潮、満潮から女性の生理、そして人は潮の満ち潮に〝オギャ！〟と息を出して生まれ、引き潮に息を引きとる死の生死まで、月の経《みち》（道）によって生かされ、体の中は神の道、神経に生かされている。

生物の生命体は、数種の神経の塊で、神経の神ナビが月経の月ナビに感応して生命が生き、そして継承されてゆく。

即ち太陽によって昼夜があるが、月ナビの氣の内容は毎日違う。

例えば満月には「月は出た出た月は出たヨイヨイ」と炭坑節のように、狸まで腹を叩いて踊るほど、心がうきうきし恋をささやくが、反面、痴漢や犯罪に交通事故が多く、満月で捕れた魚は不味く、果物は美味しい。

古来、三日月に願い事を祈ると叶うと言うように、天下の政治も商売も月の氣の道に合氣しているのを易経（道）と言い、易学を身につけ、天下の易を立てる陰陽師を天医とも言う。

農業は月の氣の動きの旧暦によって種を蒔き育て、そして刈り取る。

一年に二十四節氣に、春夏秋冬の季節ある如く、人生に四季あり、春は青春、夏は壮年、秋は稔りの熟年の老生にして、晩秋から糸へんに冬の終焉の第一巻の終わりとなる。

竹に節ありて強し、人生に節あり、節目の七五三の節句、体の強弱は足腰の関節を鍛え、歌の上手下手は節まわしにあり、祝いの節には鰹節、節度節操を守る人物を武士と言うが如し。

日月と書く〝明〟の字の日は、毎日出る故に毎日に日あり、体は月の影響が大きい故に、明の月は日より大きく書き、五臓六腑から脳に腕まで月へんである。

日は毎日だが、月は月に一度だから一ヵ月と言う。一ヵ月とは二十七日と七時間四十三分十一秒で地球を一回りする。人間の誕生も、この月の計算の十月十日《とつきとうか》である。

一ヵ月に一度の女性の生理もこの計算で、まさに月のもの、そして初潮の節から閉経の節までを女性としての男との月あいの生き方が、神話の竹取物語か、竹の節と節の中から生れた〝かぐや姫〟は翁夫婦に養われ、三ヵ月で美しい姫に成長したるは、子供の成長の速さのお教えか、そして貴公子達の求愛にも、美人を鼻に掛けての難題を言っては退け、帝《みかど》の申し入れにも直《すなお》になれずに拒んで婚期を逸して閉経となり、男は月あわず八月の十五日の夜、月よりの使者に伴なわれ泣き泣き昇天、兎《うさぎ》が女の臼と男の杵で餅搗《つ》き（月）している月に帰り、月なおしの輪廻転生のお教えの神話か。

古来「割れ鍋に綴じ蓋」の譬え、割れ鍋にもふさわしい蓋があるように、身分相応の配偶者が和楽の家庭であり、笑顔に勝る化粧なしで、どんな顔も笑顔は可愛い、〝ぶす女〟とは美人でも「ぶす」とした暗い顔のことで、夫婦は生涯の修行の相手、師匠になったり、弟子になったりの仲である。

初心忘るべからず、は稽古事では最も大切な心であるが、車の運転も慣れた時は事故が多い、夫婦も慣れから狎《な》れになると怖い。夫婦は最も近い他人なのに、不仲になって背中併せになると、地球一廻りの最も遠い他人となる。

世の男たちよ、女を大切にする家庭は必ず栄える。妻は自分のものではない、月のものである。世の女たちよ、男を立てると男は働く。夫は自分のものではない、社会のものである。女は家庭を守り、男は国家社会を護る。女は月経、男は月給の男盛り、女盛りの青壮年を謳歌し、国の宝の子を産み育て、人の世のための物作り人物創りに徹する。

「幸せは笑顔から生まれる」笑顔は只であり人に好かれる。〝何かあるのが人生〟で、何事にも明るく朗らかに生き生きと勇ましく、積極的に対処し一つひとつ解決してゆく。

子育てを終った閉経の中年からは、道のつく稽古事で人生道の深さを究め、品性を高めて人の師となる修行に入る。稽古事は〝心技体〟、形なき心は、体を以って具体化し、体は技を磨いて精神化し、心身の格調を高くして真我を悟る。

その体の食べ物は、酒を飲むと酔い、毒を食すると死ぬように、こうすればこうなるという法則を探して文明を築いてきたのである。体の食べ物に対し心の食べ物は言葉と本で、人は言葉で思考し、言葉で物を作り、人と人との和も争いも言葉と言刃《ことば》による感情のもつれから始まり、教育とは言葉による。

昨年妙齢の女性が九州より来たり「あなたと同じようなことを書いていています」と、五日市剛氏の「ツキを呼ぶ魔法の言葉」の講演筆録を置き、風の如く来て風の如く去った。この本の結論は運命を開く言葉は、何事があってもプラスに考え「有難うございます」「感謝します」、そして「ツイている、ツイています」と、声を出して言うことである、と。

早速講演や合氣道の稽古で、この話をしたら数名の人から本当にいいことがツキましたと、感謝の年賀状を頂きました。

申すまでもなく、料理の本を読んでも腹一ぱいにならぬように実行しなければ成就しない。

その具体的な方法は、額に太陽を口には月をであるが、額で太陽を思うと、自然に目は半眼となり、頬に目が落ち、頬の目即ち〝ほほえみ〟の笑顔となる。そして口は月で、口を大きく空けると満月か、その口から「ツイている、ツイている、ツイている」と何度も何度も月を呼ぶと運命がツイてくるのが月ナビの法則であり、日と月の〝明〟の漢字の哲理である。

ここに陥穴《おとしあな》がある。「ほんとうかなぁ！　世の中そんな甘いものじゃない」と思った途端ご破算になる。

我が恩師哲人中村天風先生は「観念要素の更改」「暗示感受作用」の題で医学的、心理学的に実証している真理であるから、自信をもって実行することをお奨めする。現に天風先生のお弟子さんのナショナルの松下幸之助さんは、貧乏でしかも体が弱く運命がいい人ではないが、天風先生のお教えの鏡を利用した自己暗示法で、毎日夜の寝ぎわと朝、鏡の中の自分に「俺は運命がいい男だ」と言っては〝アハハッ〟と笑う行をやっていたある日、「パアッ」と心が明るくなり、体が宙に浮くように軽くなった瞬間「明るいナショナル」のコマーシャルが閃き、経営が好転し日本一の納税者になった。

自分の口から発する言葉は
自己人生を創造する　（乾舟）

おかしいから笑うのは自然、おかしくないのに笑うと、それが井戸の呼び水のようにおかしくなるのが人の行である。運命が悪いのに運命がいい男だ、ツイていないのにツイていると言うと、ツイてくる。

神社には必ず神鏡《みかがみ》があるのは、神代の昔天孫降臨の際、皇位のしるしとしての三種の神器の一つ「八咫鏡《やたのかがみ》」に対し、天照大御神は「この神鏡を我と思え」との御神勅以来、神鏡御拝の儀として、毎日皇室では「我は神なり」と申し上げているのである。

神道では自霊拝と言い「かがみ」の中の〝が(我)〟をとると神となるように、神道での大切な行で、学問的には特に夜の寝ぎわは「無条件暗示感受習性」という精神機能を利用しての神の如き人間となるとの天風先生のユニークな教えの行を伝授され、感激感動すると共に、神代の時代からある神社の鏡が、それほどの深さがあっての神鏡御拝の儀として継承されていることに、只ただ驚嘆の一語である。

失礼ながら、この深奥な哲理、道理を神職の人たちがご存知であるかと思う次第である。難しい学問や理屈はさておいて、こうすればこうなる子作りの如く、神の理の神理は簡単だが真理は深く、有難度く、感謝の一語に尽きます。

[三〇] 政治と政治家

去る二月二十六日、赤坂のホテルオークラで、戦後一世を風靡したスリーファンキーズのリーダー長沢純氏が企画した「第四十二代アメリカ大統領を囲んで」に出席した。

二年前に京都でお会いしたときは、通訳を通じ「靖国神社に参拝し無言で一礼してください」と強く強く申し上げた。

こんどは次の文を毛筆で息子暢榮が書いて直接手渡した。

謹んでお願い申し上げます。洞察するに、人は皆国の別、時代の順逆、貧富の差、男女の別に親を選ぶこともできない冷厳な現実只の今、今、今を生きております。

それが喜ぶべきにせよ、悲しむべきにせよ如何ともすべからざる自然的事実であり、同時に形而上的事実であります。

この一大事因縁を精神化し、道義化してゆくのが人間の人間たる所以と存じます。

古来日本では物を計るは物差、心を計るは志と言い、武士の心と書く志は自己より遠い目的ほど尊しと、自己中心ではなく相手中心に、小にしては家庭内で、大にしては国家社会のためにと、教えられて参りました。

申すまでもなく、子育ては禽獣も同じで自然の道なれど、親孝行に国を愛する心は、世界共通の人の道と存じます。

親あっての親子、国あっての国民は勿論、今や宇宙時代で地球温暖化による地球の危機が叫ばれる如く、動植物の母なる大地の地球あっての人類、その人類の歴史を通観するに「一人能く国を興し、一人能く国を滅す」故に「人は地位を得て尊きに非ず、地位人を得て尊し」であるのは政治の要諦であると存じます。

アメリカ大統領の地位に就任され、偉大なるアメリカを創りあげられました四十二代大統領クリントン閣下の名は、今なお世界に轟いております。

以上の観点より閣下にお願い致したいのは、国のために殉じた靖国の英霊に対し、無言で一礼して戴きたいことであります。

偉大なるクリントン閣下の靖国神社参拝は〝乾坤一擲〟日本の国内外の政治情勢は一変すると存じます。

人それぞれの立場によって使命あり、日本とアメリカ両国のため、また突然の閣下の靖国神社の参拝は、国のために殉じた護国の英霊を食い物にしている乞食根性の人々に鉄槌を下し、地球一家への国際政治の流れの中でも、今が絶好の機会かと存じます。

マスコミは国を創り、国を亡ぼす如く、情報は世界を制す。

閣下の無言の靖国での一礼は、かつてアメリカ三十五代大統領ケネディの「ニュー・フロンティア精神」と高く評価された就任演説のように、閣下の名声は世界の歴史に大きく記されることでしょう。

そしてまた、日本でもヒラリー大統領の噂があるほど、閣下夫妻は地球規模のお立場であり、地球の大転換ともなることを、靖国の英霊と共に、心より思うものである。

この件は、靖国神社に数年間、神官として奉職した息子暢榮の強い意見であり、実現の際は、暢榮がご案内申し上げます。

ここに重ねて靖国神社の参拝を、伏して心よりお願い申し上げます。　敬具

平成十七年二月二十六日

合気道師範　佐々木将人　拝

クリントン閣下　玉案下

政治家の命は言葉であり、無言で靖国の英霊に一礼することも言葉であり、それによって国内外の政治情勢がどう変化するか、あたかも政治は将棋盤上の駒の如く、駒一つ動くと数手の戦術が動き始め変化する。

靖国問題でどれほど国益が失ったか計り知れない、政治家は何をしているのか！

国会議員も落選すると、ただの人がいる様に、金力や親の光で政治家になると、愚か者でも政治権力を持ち、国の運命を動かす。

それ故に、政治家を馬鹿にしても、政治は馬鹿にしてはならない。

ある政治家が、秘書が書いた草稿を持って国会で演説中、注意書きにあった「ここで一杯水を飲んで」まで読み、会場が爆笑したという話や、市会議員が長年の議員生活を辞任した時「あの人が議会で発言したのは〃この辺で昼飯にしよう〃だけであった」と、笑えない笑い話がある。

また反面、有能な政治家がセクハラという横文字文化で辞職する次元の低い国会となった。

日本は男女同県でも同権ではない、人間として差別がなけれど区別あり、父はチチでも乳は出ない、現にお手洗いも風呂も別である。

ではダンスも合氣道の稽古もセクハラか、直接ではないからハラセクか、男と女の世の中で男女の秘め事を中傷されても証拠が難しい、大体国の運命を議する国会で問題にする事態がおかしい、恥を知れと言いたい。

時代の流れか大物がいない、私も二十代の年頃政治に志したのは、戦前戦後の大物政治家三木武吉の演説を聞いたからである。

着流しの和服姿で飄々として風雲を巻き起した〃讃岐の狸親父《たぬきおやじ》〃の異名をもつ三木武吉が演説中、野党の政治家が「三木先生！　先生は妾《めかけ》を三人も持って…」との言葉に「マテマテ待て！」と遮り「君ィ数が間違っている三人ではなく五人だ！」と言ったら大爆笑と拍手喝采で幕となった。

下らぬことを言ったその政治家は人々の物笑いになり恥をかいて落選、ただの人となった。

三木武吉は男でござる！　五人の氣の毒な身の上の女達を生涯幸せにしたという。銅像は歴史を髣《ほう》髴《ふつ》と甦らせ人の心に火を灯もす。三木武吉の銅像は四国・高松市の栗林公園に飄々と立っている。

古来、城は内より壊れる譬《たとえ》、体も内臓の病いで死に至るが、外傷や手足が一本位なくとも死なない。

家庭の崩壊は親子夫婦の揉め事からであり、国家は戦いを忘れた民族は亡び、戦いを好むものもまた滅びる。まさに「備えあれば憂なし、備え過ぎれば憂あり」

今、日本の社会は鍵のある生活に、子供の登校まで警備保障を頼むは、備え過ぎる軍事予算で国亡びるが如し、結局「民族の興亡は一《いっ》に係って教育にあり」で、一家の小事も天下の大事も、また経営の要諦も、武道の極意「姿勢と間合」にある。

自然を大観するに動植物は自己保存の食欲に種族保存の性欲によって命が継承されている。

その中で人間だけが物欲と名誉欲があって物質文明を築き、人は一代名は末代で政治家の如く、最後は名誉欲に生きる。

祖国防衛に命を捧げる軍人は特別国家公務員で戦死すれば必ず靖国神社に神と祭られる栄誉と、妻子の生活が保証される。

そして国民には刑法が、軍人には軍法会議に軍事裁判があって始めて独立国家となる。

外交とは軍事なり、個人の家庭においても武力の男は、国民たる妻子の生命財産を守り、暴漢による危機の時は命を賭けて守る、その時は人が作った憲法以前の問題で主権も基本的人権もない、緊急避難の判例があるが如しである。

それを犯され殺されてから守る専守防衛は絵に画いた餅で、武術家としてはバカバカしく話しにならない。

この世は神の法によって生かされている。

神法の刑法による刑務所は入院、薬は罰金刑、貧乏は重労働、悩みは精神病院と、病氣、貧乏に悩みは三大不幸の実刑である。

人は現在只今の連続の今を生きる。

現在只今とは永遠の過去から永遠の未来に流れる中の今、今、今、今の〝中今〟の顕にして顕幽神の三界の今である。

ゆえに神法を順守し、清明正直の心法を以って神道を歩む顕幽神のこの世を生きる。

されば神界の靖国の英霊を国家護持せざれば、神界との道は通じない。

武は神にして国家大道の経綸を司る、日本人よ建国の神武にめざめよ！

［三二］ 中国を通観す

中国古代の伝説上の王朝、堯《ぎょう》、舜《しゅん》の時代は天下がよく治まった黄金時代と言う。次の禹《う》も舜の禅譲《ぜんじょう》＊によって帝位を受け、夏《か》王朝をたて、以後代々世襲により十七代続いたが、暴君桀《けつ》の時、殷《いん》の湯《とう》の武力で滅亡した、これを易姓《えきせい》革命と言う。（＊帝王がその位を世襲せず、有徳者に譲ること。）

中国五千年は易姓革命の歴史であり、易姓革命は中国の宿命となった。易姓革命で殷王朝となったが、紂《ちゅう》王の時、前一一〇〇年、周の文《ぶん》とその子武《ぶ》の易姓革命で滅ぼされ、周王朝となった。

天下を統治した周の始祖文《ぶん》王は、徐々に国力を増大し、有徳の君として後に聖人と称せられた。周王朝となっての四〇〇年後、前七七一年、異民族の犬戎《けんじゅう》の侵入を招き、都を洛邑《らくゆう》に東遷し、周の権威が衰え諸侯が抗争する、世に言う春秋時代となり、春秋の十二列国の魯《ろ》・衛《えい》・晋《しん》・鄭《てい》・曹《そう》・蔡《さい》・燕《えん》・斉《さい》・宋《そう》・陳《ちん》・楚《そ》・秦《しん》が争い、前四〇三年、晋が三分して韓《かん》・魏《ぎ》・趙《ちょう》の独立までの三六八年を春秋時代と言う。

春秋に続く戦乱の末、秦が周室を討ち、天下を統一した前二二一年までの一八四年を戦国時代と言い、加えて春秋戦国時代の乱世は、約六世紀の五五四年の長きにわたった。

周王朝を滅ぼした秦は、中国最初の統一王朝となり、自ら始皇帝と称して名を残したが、三代十五年で滅亡した。

さて、ご存知の『三国志』は、魏《ぎ》・呉《ご》・蜀《しょく》の三国時代の史実に基づく物語で、劉備、関羽、張飛の義兄弟の契りに始まる。魏の曹操、呉の孫権、蜀漢の劉備と宰相諸葛孔明などの権謀術策の物語や、呉子の兵書と並び称する孫子の兵法も春秋戦国時代の圧巻である。

中国歴史を通観するに、革命々々の歴史にして、その中を流れる思想の根幹は儒教であり、その言行録の論語は中国民族の精神文化の支柱である、と。

儒教は中国春秋時代の魯の思想家孔子（前五五一〜四七九）によるもので、革命の戦乱の世に苦しむ人々を憂い、周王朝の始祖文王の子、公旦の政治と事績に学び、人の心の基盤を「仁」とし、社会の規範を「礼」として、道徳による徳治政治を志、多くの苦難の遊歴の末生まれたのが儒教である。

特に人間の本性をめぐる孔子と弟子達の議論、人間とは何ぞや！　人生とは何ぞや！　何の為に生きるか！　どう生きるべきか！　との論争から生まれた洗練された論語の言葉は、二千五百年後の今でも生きている活学である。

思えば人の心は何ら変わっていないのかと思うこと切なり。

儒学の大学に「致知在格物　物格而后知致」（ちをいたすは物にいたるにあり　物にいたるしこうしてのちちにいたる）が人間の主体の陶冶方法を示した。その後の儒教、朱子学に、陽明学を生み、人間本性の格物致知の議論が絶えることなく展開されたのである。

現代の日本に論語を高く評価している月刊『致知』（致知出版社）も格物致知（物事の道理を極め

て自らの知識を完成する）に由来し、人の心に、社会に、そして政治にと光明を投げかけている。

さて孔子没後百年、戦国時代に「孔孟の教え」と熟語となった孟子が、孔子の思想を継承し王道政治を説き、富国強兵は覇道なりと反対し、孟母三遷のお教えにある如く、孟子は性善説を基にしたのに対し、後の荀子は性悪説を説き、儒学を倫理学から政治学へと変えた。

後に韓非子に継承されて、性悪説故に人を信じない法治主義となり、法治国の思想を理論的に大成した。

孔孟に対し「老荘」の熟語の老子、荘子の「老荘の道」は、儒教の人為的な仁義道徳に対し、俗事俗界を超越した宇宙の根本を「道」や「無」と名付け、無為自然への復帰こそ人間の姿と説いた。

この教えから清談の風致、酔狂な人物が多く排出した。そして、後世には老子は道教の開祖と仰がれた。

古来、「戦争は発明の母なり」との言葉がある如く、戦乱の春秋戦国時代に、こう生きるべきとして、次々と教祖が現われ、医者が病状に合わせて薬を処方する様に、人が道を歩く、その歩き方を処方した。

道路の「道」は普遍であるが、「路」は特殊な処方箋の宗教で、それが絶対とすると宗教戦争となる。

命は「体と心と魂」の三点セットで、仏教では三法印と言い、時間を諸行無常（体）、空間は諸法無我（心）、その時と空の交叉の間が涅槃寂静《ねはんじゃくじょう》であるとする。まさに人間の間でキリスト教の十字架である。一瞬々々変化する心身を救うのが宗教と医学の処方箋であり、魂の磨きが文武である。

命の三点セットの地球の魂は、中心であり、日本国家の魂は、中心の今上陛下、個人は臍である。

格物致知論の儒教、老荘思想が応神天皇の紀元二七〇年頃に、仏教は五五二年に伝来した。

平和な日本は、争いから生じた中国文化に学ぶものが多く、六三〇年、公式使節の遣唐使を派遣したが、八九四年、菅原道真公の達観で十六回のみで中止した。

然しその間、八〇四年に最澄、空海が入唐、また臨済、曹洞、黄檗の禅宗が渡来し、日本文化に同化し、日本の普遍の道を、路の処方箋でより深く、より美しい気品を添えた。

心の処方箋の一つ、詩吟の中で「少年老い易く学成り難し、一寸の光陰軽んずべからず」の作者朱《しゅ》熹《き》の朱子学は、鎌倉時代に伝来し、江戸時代には官学として普及した。

室鳩巣、新井白石、山﨑闇斎、貝原益軒等が朱子学派で、陽明学派は近江聖人の中江藤樹、熊沢蕃山、大塩平八郎、そして国防問題で私と対談の企画まであった三島由紀夫氏は知行合一の人で、憂国忌で知られる昭和四十五年十一月二十五日、普遍の道に対し切腹して果てた。

その普遍の道の万世一系の国体が、未曾有の敗戦の際、命を賭けて護持されたのは、中華民国の総統である。

易姓革命を知る蒋総統は、古典の「怨《うら》みに報いるに徳を以ってす」を人民に示して日本を救った。この恩義を日本人は忘れてはならない。

その中華民国は、昭和二十四年、革命により中華人民共和国に破れ、台湾に東遷した。

神計りで護られた日本天皇は「敗戦とは遺恨が残る」との事から終戦の詔勅となされた。あの混乱の時にも達観されていた昭和天皇は、論語の「知者は惑わず、仁者は憂えず、勇者は懼《おそ》れず」の知仁勇を体されたお方である。

また、論語に「学んで時に之を習う　亦説《またよろこ》ばしからずや」とあり。マッカーサーをして神と言わしめた昭和天皇の学んだ学習院の名の由来もここにあるのか！ 今の中国は世界に誇る古典の論語を捨てたのか、日本は支那と戦ったが中国とは戦争していないのに、日本に対する内政干渉は論語の国として大人げない。

日本は漢字を「神字」と感じ、見事に日本化したのに、革命により世界遺産の漢字を哲学なき記号化して仕舞った共産中国。

日本に生きている漢字に論語、その論語に「学んで思わざるは則ち罔《くら》し思いて学ばざれば則ち殆《あやう》し」の言葉を日中の為に記す。

顧みるに敗戦とは遺恨が残る！との終戦以来、六十年、今やテロは恨みが恨みを呼び、果てしなき恐怖の道を歩む。

中国中唐の詩人白居易（白楽天）は、触と蛮との争いを、蝸牛角上《かぎゅうかくじょう》の争いと大観し、酒盃に天下を浮かして飲み干す、さすが酔吟先生。

今まさに世界の争いは蝸牛角上の争い、百年後今の人々は皆白骨体なのに、されば吟ぜん！

酒に対す　　白居易

蝸牛角上　何事をか争う
石火光中　此の身を寄す
富に随い貧に随い　暫らく歓楽せよ
口を開いて笑わざるは是れ痴人

（平成十七年七月二十三日　文の日記す）

[三二] 道の国　日本

惜しまれて　散るや桜の　心こそ
　大和心の　武士の道　（乾舟）

我が愚作であるが、日本は道の国で、武道、茶道、華道、男の道に女の道、体内には食道に産道、外には神道に参道、歩道に車道に鉄道、自然には山道に獣の道に、宇宙には軌道と、道がみちみちている。


さて人間の最大の発見は「气」の発見、最大の発明は金の発明である。

宇宙は气を中心に動き、人間社会は金を中心に動いている。

气も金も根元的エネルギーであるが、飲めない食えない着れない、使い方で幸不幸となる。

先天の一气による水の气は汽となり、食の气は、最高の食、米の氣となる。

地球を隙間なく守り生かし給う气は空氣であり、气が変化すると現象として現われるのが天地自然のものである。

氣の動きによる天地は二十四氣によって春夏秋冬となり、四季の氣によって動植物は生氣の強弱となって生と死の流れの道を生きる。

人は心氣によって運氣を掴み、勇氣に剛氣に根氣と氣力が充実する。

また時には邪氣を受け病氣に弱氣、毒氣まで受け、色氣も精氣も失い死氣が感じて氣味が悪く、氣枯れて第一貫の終わりとなる。

かくのごとく氣をつけて氣の漢字を見るに沢山あるように、自然は氣を中心なれど、人間社会は金を中心に動いている。

氣は神氣にして、氣の発見により、宇宙法則を知り、物質文明を創造した。

金の発明により、物質の流通経済が急速に発展し、豊かな生活となった。

金は社会生活の約束で物と物、人と物との縁結びの紙で、物には神氣の力がウラ打ちされているが、金にはその国の国力がウラ打ちされている。

漂流した舟の上や、道に迷った山の中では、金は通用しないように、金は社会生活上の約束で、国が滅亡したら鼻紙にもならない。

故に路上の一円を拾うのではなく、国を拾うと言うように、何事にもまず日本を、そして地球を想う心が大切である。

いささか氣と金のことが長くなったが、今や人の心の欲望から物質文明が進歩したが、逆に欲望の肥大から地球生命の危機となり、また民主主義の美名により、金《きん》との兌換《だかん》紙幣でもない紙切れのドル防衛による金融支配が戦争の原因の一つともなっている。

二十一世紀は日本の道の時代と言われているが、いささか学術的で申し訳ないが、武骨者の私が約三十年前の昭和五十二年（一九七七）にフランス政府文化庁の招聘により神の道、神道教授としてパリで教鞭をとっていた時に、表にして説明したものがある。あまり受けなかったが、道の国日本人なら理解できると思う故に参考までに掲げる次第である。

この表の上の横一列が自然の道、二列目は人倫の道で、三列は経済物作りの道、そして四列は金力や暴力、戦争による力のみによる覇道である。

さて電氣は導線を通じ電灯やラジオ、テレビと化けるように、この世は全て气の道化したものが自然であり、自然を神として、その道が日本の自然ながら、神ながらの道「神道」で宗教ではない。

「武士道とは死ぬことと見つけたり」の言葉で有名な「葉隠」は、葉に隠れている見えざる実在の神を悟れの葉隠れか。自然ながらの流れの中に不動の生ありで、すなわち「武士道とは明日死ぬことと見つけたり」で、今日一日、今日一日を生きて生きて生きぬくことであり、人は神人合一の修行により、聖人となる。

合氣道開祖植芝盛平翁は、幾多の修行により、ある日天から黄金の雨の光が降り注ぎ恍惚の感にうたれたと、カバン持ちとして旅した時、何度も話を受け給わった。

まさに聖武の人で合氣道開祖と仰がれる武人で、たんなる強弱の武術家ではない。

神人合一の聖の方が「皇命《すめらのみこと》」となられる道を皇道と言い、日本の歴史は皇道史であり、武は皇武であり軍隊は皇軍、学問は皇学、人は皇民である。

人間は神の子なる故に、人間のみが物を作り修行により神となる。

人それぞれ使命あり、石は磨いてもダイヤモンドにならず、またダイヤの原石は磨かざればダイヤにならない。

皇太子殿下が現人神《あらひとがみ》の天皇となり給う最後のご修行が先帝陛下ご崩御と同時に践祚《せんそ》され、後約三年間大変な荒行をなされての、ある日ある時に、天照大神がご降臨なされ、即天照大神となられ給う故に「即位」と申し、代々の現天皇を「今上陛下」と申し上げ、「天皇」として天下を治《しら》しめし給うのが皇道であると言う。

次の人倫の道は、自然の道を人間社会においては「徳」を中心に生活することから「道徳」と言い、日本の教育勅語にも「…徳をたつること深厚なり」とあり、その徳はお教えざれば動物となる。

動物は自然のままなれど、人間のみは教育される動物で、教育の化物故に教化となる。

お教えの具体性は「譲」りあいで人倫の道である。また自然も互いに譲りあって生きている。それを知る人を賢い人で「聖賢一の道」となる。それが天下をとると帝《みかど》となり「皇帝」と言う。

すでに述べたように、人は物作りで、この世は自然なる神と人間が作ったもの以外なく、人の物作りは、神に対するお手伝いで「功」と言う、仕事、業《わざ》でそれを勤め励むことにより、世の中が治まる。

これを知り行なう人を戈の人で、これの長《おさ》を「王」と言う。王道とはこの経済の道とも言える。

さてこの大宇宙は巨大なる力の塊で、すでに原子爆弾で証明されているように、物質を構成している原子が核分裂や核融合の核変換によって放出されるエネルギーが原子力である。

よって小国と言えども原爆を持つことによって大国と対等に外交ができるのである。

原子も金も根元的エネルギー故に、軍事力や金力、将又《はたまた》暴力や恫喝の力に「率《したが》」う。

しかし心の中では、実力もないのに、親の光でとか、派閥や、宗教、そして組合の組織力でとか、心の中で争う。そして互いにあの手この手と術を使って闘争の社会となる。

この軍事力や金力、暴力による力の覇者を覇道と言う。覇道はピラミッド型で、暴力的力によるボスによる政治である。

日本は神代の時代より、中心帰一の菊の御紋型で、ボスでなく君主で徳の力で国を治めてきた家族国家である。

また人は現実只今の今に生き、自己より近いものほど大きく、遠いものほど小さい。遠い他国の戦争より、隣のボヤが大きいのが人の心である。

また現実は全て術で生きている。話は話術であり、医者は手術であり、仕事は技術であり、武道は武術であり技である。

術なき道は空論にして、
道なき術は危険である

包丁なき料理は空論にして、道なき包丁は人を殺傷する。古来武道では有段者は警察に届けたように、武術家の有段者は人格が高潔でなければ有段者になれない。

また六段以上は師範になる資格があるが、人の範たる師範にはなれないように、武士道国家日本の道は、武の道がウラ打ちされているのである。

前出の表の道から術に至る斜めの線でも理解できるように、術あるが故に国が治まり、道の教えによって国家の安寧が護られてきたのである。また道の力、徳の力、功の力と言うように、横縦、斜めの線の道の深さを読者諸氏それぞれ理解されることを願い、ひいては世界平和の道しるべになればと、思う次第である。

［三二］皇道

正月や一系の天子　富士の山

この歌の十七文字に汲めども尽ぬ外国にない、日本の日本たるものが生き生きと息づき、清々しい日本の正月を肌で感ずる。

何事にも普遍と特殊とが裏表の如く相まっており、特殊は普遍の表れであり、普遍は特殊なものを通じて感得する。

私は他の民族と共通する人間としての普遍の立場、即ち真理と、特殊の立場、即ち真実の日本人として立っておる。

そして私は好むと好まざるとに拘らず、〝国を肇《はじ》むること宏遠に徳を樹《た》つること深厚なる〟威厳ある日本に生れ、斯の道の伝統文化に生かされている。

この先人が長い年月の研鑽を重ねて積み上げてきた尊い伝統文化を、より充実し、より格調高く、香り高き気品を添えて次の時代に手渡す義務がある。

然るに、現在の一系の天皇に対する喧騒は、〝魚水中にありて水を知らず〟か、それとも何者かの陰謀か。日本伝統文化の最大の危機である。

〝正月や一系の天子　富士の山〟の一系に対する女性、女系の容認は、〝日の本の立て看板や富士の山〟の霊峰富士を崩すことを容認する愚である。

洞察するに、人に踏むべき道がある如く、国の行く所また道あり。日本の道は皇道にして歴史は皇道史である。

日本の歴史は遠く神代の時代より綿々と途絶えることなく続き、その継承者の神武天皇が橿原《かしはら》の宮で、天津日嗣《あまつひつぎ》の高みくらに即位されて紀元の節をつけられたので、建国記念日ではなく紀元節である。然も寒い寒い大寒と春との節分の旧暦の正月の元旦に紀元節を祝う、その先人の智恵には感嘆するのみである。

また詩情豊かな心の作詩作曲の紀元節の歌の三、四に、

天津日嗣の高みくら　千代よろず代に動《ゆる》ぎなき
もとい定めしそのかみを　仰ぐ今日こそ楽しけれ
空に輝く日の本の　よろずの国にたぐいなき
国のみはしら樹てし世を　仰ぐ今日こそ楽しけれ

この歌を知らぬ人が多いのも日本の危機である。

初代の神武天皇が、紀元の節を樹てて以来、千代よろず代に動《ゆる》ぎなき男系の男子による一系の天皇

は、二千六百六十六年、百二十五代、よろずの国に、たぐいなき神国日本が一部の有識者の曲学阿世の徒によって、人民国家になり下ろうとしている。

昭和天皇の終戦の詔書に「……朕何ヲ以テカ億兆ノ赤子ヲ保シ皇祖皇宗ノ神霊ニ謝セムヤ　是レ朕ガ帝国政府ヲシテ共同宣言ニ應セシムルニ至レル所以ナリ……」

皇祖皇宗の神霊に謝せむやとの心を拝察するに涙を禁じえない。大変失礼ながら、旧皇族や国会議員の人々、この終戦の詔書を熟読玩味すべし。皇祖皇宗の神霊に対し奉り、恥を知れ！

洞察するに、日本歴史の中で興亡の淵に臨んだとき、必ず天皇に還って不死鳥の如く甦った。

近くは幕末動乱に、大政を天皇に奉還して明治維新を成し遂げ、そして昭和二十年の未曾有の敗戦に際し、終戦のご聖断を仰ぎ、然も陛下の一言で海外の将兵も一発の銃声もなく終戦処理出来た事は、世界の歴史学者がひとしく驚嘆するところである。

そして敗戦の一ヵ月後、已れを捨てられし昭和天皇がマッカーサーと会見、生殺与奪の権を持つマッカーサーをして「神」と言わしめた昭和天皇によって国体が護持され、皇祖皇宗の皇道の断絶はまぬがれた。

神代の昔から、無私無心の「空」の心の天皇を中心に仰ぎ、分を明らかにして中心に結ぶ国柄の菊のご紋は宇宙構図で、小は物質を構成する粒子の原子も核を中心に数個の電子の分で構成され、地球も表面上の動植物は勿論、無限のものが万有引力によって中心に結ばれて安定し、太陽系も恒星の太陽を中心に、それぞれの惑星が分を明らかにしてめぐる。人の体も臍を中心に頭手足すべてのものが分を明らかにして臍に結ぶ。

人体に対し国体の日本は地球の回転軸を万世一系の皇統となし、無私無心の真空の心の体現者の現天皇を常に「今上陛下」として中心に仰ぎ、皇民としての分を明らかにして中心に結ぶ統一国家である。中心は空にして宇宙を動かす無尽蔵の力を秘めている。あの巨大なジャンボジェット機が飛ぶベルヌーイの法則も真空の力であり、台風の目も原爆も中心の真空からくる力である。

無私無心の体現者となられる皇室、皇族の方々の教育の場が学習院であるのに、戦後、私立となって、誰もが入学出来る様になった。もしかしたら日本滅亡のオレンジ計画が、日本の根幹の皇室にまで入ったか！

白人に非ずんば人に非ずの時代、世界一の陸軍国ロシアに勝利した日本を、かつて十三世紀、アジアのモンゴル帝国によってロシア、ポーランド、ハンガリーまで侵略され、恐れおののいた白人社会が、再び黄禍を肌で感じ、日本滅亡の長期戦略オレンジ計画をたて、日本叩きをしつつ大正昭和と流れ、ついに大東亜戦争となって日本は敗れたが、アジア民族解放の目的は達成した。

敵ながらあっぱれのオレンジ計画は敗戦四ヵ月後の十二月、神道指令に教育勅語の廃止、武道の禁止、翌年は現人神《あらひとがみ》の天皇の人間宣言、歴史地理の教育を禁じて、教科書を墨でぬりつぶし、日本精神骨抜きのスポーツ、スクリーン、セックスの三Ｓ主義に日本弱体化の憲法を押しつけ、教科書は国定を廃止し自由選択から、神話や格言もつうぜず、祝祭日は休日となし、伝統文化の思想統一の為の国歌や儀礼歌も知らない無国籍人間の集団となった。

正月は年越といい、国民全体が歳をとり、胎児も人間として認める故に数え年である。満年令の考えから平気で堕胎するが如き、非人間の民族では断じてない。

誕生祝いは天皇、皇后のみで天長節、地球節なのにたんなる誕生日となし、国民も一人ひとりが握手する如く個々の誕生日となし、徐々に個人主義の風潮となり、大家族が核家族となって、日本の伝統の祖父母が父母を飛び越えて孫に伝える隔世遺伝の家庭教育がなく、家庭の崩壊が国の崩壊の道を辿る。

日本の道、皇道は国会議員バッチの菊のご紋の中心に「皇」とあり、皇室、皇族、国は皇国。人は皇民、学問は皇学、軍隊は皇軍、そして武道を皇武と言い、神武天皇の神武は武は神にして国家大道の経綸を司さどる。故に稽古事は武士道精神によって裏打されている。

自然ながら神ながらの日本の歴史は、神の皇道と武士道の神武一道によって貫かれておる。日本よ神武に帰れ。アインシュタイン博士が神に感謝すると残したメッセージを掲げ警鐘を乱打する。

世界の盟主

近代日本の発展ほど世界を驚かしたものはない。この驚異的な発展には、他の国と異なる何ものかがなければならない。

果せるかな、この国の三千年の歴史がそれであった。この長い歴史を通じて一系の天皇を戴いているという事が今日の日本をあらしめたのである。私はこのような尊い国が世界中に一ヵ処位なければならないと考えていた。

なぜならば世界の未来は進むだけ進み、その間幾度か戦いが繰り返されて最後には戦い疲れる時がくる。その時、人類は〝まことの平和を求めて〟、世界的な盟主を挙げなければならなくなる。この世界の盟主なるものは、武力や金力ではなく、あらゆる国の歴史を抜き越えた最も古く、最も尊い家柄でなければならない。世界の文化はアジアに始まりアジアに帰る。それはアジアの高峰日本に立ち戻らねばならない。

「我々は神に感謝する、我々に日本という尊い国を造っておいてくれたことを」

——アインシュタイン

二月十一日紀元節の日　山形鶴岡にて

[三四] 神武一道

〝武は神にして国家経綸の大道を司どる〟

今から約三十年前の昭和五十二年（一九七七）、フランス政府文化庁の招聘により「人間性回復道場」の神道教授として渡仏した私は、前世からサムライか、パン食には本能的に拒否反応を起こし、花の都パリでの三ヵ月間、着物姿で日本食の自炊生活であった。

古来日本は初代天皇を神武と申し上げるように、神武一道で「神道はすなわち兵道なり」で、一寸先が闇の世の中の、何かあるのが人生と、一瞬に命を賭ける武術も同じで、マニュアル通りにはこない。百練求真で技術を身につけ、その瞬間感性で瞬時に判断し臨機応変に対処しなければならない。

当時神道を知らぬ私は「何かあるのが人生で、神はその人にその人が必要なものを与え給う」と、剣豪塚原卜伝流の無手勝流*でパリに飛んだ。（*無手勝流　塚原卜伝が琵琶湖の矢橋《やばせ》の渡しの船中、乱暴な武士に真剣勝負を挑まれた際、相手をだまして小島に上がらせ、自分はそのまま船を出して「これが戦わずして勝つ無手勝流」と言って血氣の勇を戒めたという故事。）

（私は電車の中で不良の者共に絡まれたり喧嘩を売られたりする時は〝ふふ〟と間をとり、「手話」

で対決して勝つ無手勝流をよく使う。参考まで。）

かくの如く学者でない私は全て自己流で、現在只今を救うのは現在只今の力で、知力、体力、金力、時には武力である。

さて武道の道歌に、

今と言うまに、今はなし　マの字きたれば　イの字すぎゆく

とあるように、大自然は一瞬の止《とど》まりもなく、日々新たに　日々新たなる清浄への禊ぎ祓いの流れと、無限の動植物の生命創造の妙を奏でる。

生命創造の自然を神とたたえる日本は、この時の流れの「自然ながら」を「神ながら」と言い、自然の道の神道となった。

宗教は全て外国のもので日本は道の国で、八百万《やおよろず》の動植物を創造し給うことから八百万の神々の汎《はん》神論となった。神道、武道に華道に茶道、歩道車道鉄道に地球は軌道等々である。

日本の思想の根幹は日本即サムライと言うように、恥と誇りに生きる武士道である。

〝武士道とは〈明日〉死ぬことと見つけたり〟は佐々木流で、誰れもがいずれかの明日死する故に、今日一日、今日一日を価値高く生きる。

今日とは、永遠の過去と未来の真中の今日であり、一瞬一瞬の今の連続の今、今、今を価値高く生

きる思想を「中今《なかいま》」と言い、恥と誇りに生きる武士道論理となった。

止まることなき自然の流れの神の道、神道の総神主が天皇陛下であらせられ、日本の国家生命の道が〃皇道〃であり、国は皇国、武は皇武、学問は皇学で、軍隊は皇軍、民は皇民である。

そして変わることなき男系の男子による万世一系の天皇は、遠き神代の時代から常に現天皇を「今上陛下」と申し上げるのは「中今」の思想の今、今の中今の上のみ位であらせられ、かつ天皇は菊のご紋が示すように権力でなく権威の中心の座である。

日本は君民一体の神武一道の国柄である。

人から人間になる「人間性回復」の具体的行法を、神武一道の君民一体、夫婦は一体の神道の武道的表現の、試合なき合氣道の稽古を通じ、人から人間になる神の道を行じた。

日本は真善美の中の美の文化で、命は全て陰陽の美しい調和の結びで、美しく投げ、美しく受ける。合わせあいの合氣は、宇宙真理の武道的表現でもある。

息と念

生きるとは息していることで、寝ている子に悲しむ親はいないように、この世に生をうけ万事休すあの世まで息している。

そしてまた、人は一瞬々々呼吸しているように何かを念い考えている。

夜と言えども夢見ているように、何も考えていない時はない。

人は皆、息と念で生きており、息は自然の心と書き、念は今の心と書く。

まさに「漢字は神字でいい感じ」である。

息は自然で無意識でも呼吸しているが、念は意識的に思い考えている。息も意識的に呼吸すると健康になるように、

〝思考は人生を創造し、感情は運命を左右する〟

かく思えば人生とは一瞬々々の流れのプロセスをどう生きるかであり、動物は食うために生き、人は生きるために食う、その生き様が人間らしく日本人らしく男、女らしくの「らしく」の三文字に汲めども尽きぬ深い哲学が内在している。

神道は心道なり

前述したように、生きるは息していることだが、死とは神経がストップすることである。

神の道は神経、太陽は日経、月は月経か。

日月と書いた〝明〟の字は、日より月が大きいのは、地球は月ナビか、海の満潮、干潮そして月の経は二十七日と七時間四十三分十一秒で、子供は月の経の十月十日で生れる。

やはり漢字は神字でいい感じ、五臓六腑に脳、腹、腕と月へんである。

この肉体生命を直接生かし給うのが神が通る道、神経である。切っても痛くない髪の毛にまで神経が張りめぐらされ、細胞が七十兆と言うと、世界人類六十七億の百倍の細胞に五官感覚を通じ即座に伝達され、争うことなき平和な生命であるは驚きである。

まさに人は小宇宙であり、最高の組織体は神創造の身体いや神体で神経の塊でもある。社会は会社の集まりであり、会社組織で最も大切なのは〝組織とは連絡なり〟である。国家社会では、情報、エネルギー、食糧に金を制覇するものは世界を支配す。今やインターネット等の通信手段のラジオにテレビ、そして衛星放送で瞬時に伝達する。

まさに組織とは連絡なりで、その情報の内容の操作によって人類をマインドコントロールする恐ろしい国際戦略となり、テレビ等を通じ強弱の電波で多数の人を殺傷するようにもなるであろう。

さてその電子頭脳のコンピュータは、人間の頭脳の研究からで、しかも脳細胞は百四十億、それが神経によって結ばれているように、コンピュータネットワークは複数のコンピュータを神経たる回線で結ばれている。

そしてコンピュータも人間の神経も人間の心の支配にあり、心の状態で神の道神経が広くなったり狭くなったり、時にはなんと気絶からショック死となる。

それ故に「神道は心道なり」との佐々木流の神道である。

その心は人間の額にあり、額は金額の額で、金勘定と心の感情のあるところで、ものの損得、善悪を即座に判断する。

〝人と人、国と国との争いも、全て感情のもつれから始まる〟でつい〝カアッ〟となって人を殺傷したり、言葉が言刃となって人の心を傷つけ生涯悔いを残すことがある。

その感情を制御する方法が「目を半眼に肩を下ろし、人差し指を軽く出し、肛門を締める」。書けば理屈となって暗くなるが、これは明るい笑顔の姿であり落着く方法である。

明るくなければ人生じゃない、笑え

笑顔にまさる化粧なし、笑顔や笑いは万国共通の祓いの言霊であるように、肌の色は違っても血の色に変わりなし、言葉は違っても感情に変わりなし、男女や人種の区別あれど人間として差別なしの、人間性回復の神道教授としての三ヵ月の流れは、武道の極意「姿勢と間合」であり、常に「間のとり方」によって争うことなく終了した。

一瞬々々の人生、そして息と念、息の鼻と額の念に両手で隠すようにして〝ふふ〟と笑顔を作ると幸せの神が来たる。

パリでも、行の最後は「明るくなければ人生じゃない！ 笑え！」で締めた。

この文も〝ふふ〟との笑顔で「明るくなければ人生じゃない！ 笑え！」 アハハハァ

[三五] 屋根裏より宇宙を覗く

神韻《しんいん》縹渺《ひょうびょう》たる広大無辺の大宇宙、その中に小宇宙たる円盤状の銀河系が長さ十万光年、幅一・五万光年、その中心から三万光年の所に太陽系があり、自ら光り輝く恒星の太陽を中心に九つの惑星、水金に地球、そして火木土の星と、天海冥の王星が一糸乱れぬ統制と、レールもない軌道を外れることなく見事な運行を続けている。

太陽から光の速さで「ヤ！　イクゾウ」の八分十九秒三の所に生命の母なる地球があり、二、三秒の差で熱過ぎ、寒過ぎて生きられぬという秒単位のギリギリの位置で自転、公転している。

そしてこの地球が時速一六六〇キロ、新幹線の八倍の速さで自転しつつ太陽の周りをなんと時速十万七千キロ、音速の約百倍の速さで公転している。しかも三秒地球が止まった瞬間、太陽に引かれ、大爆発して消滅するという。

こんな地球を、知ると知らざるとにかかわらず、我らの地球は静かであり、朝に太陽が昇り、夕べに陽が沈む、天に日月、地に山川草木あり、海幸、山幸の恵み豊かで美しい春夏秋冬を奏でる。この地球を隙間無く包み守る空氣に生かされていることを忘れているごとく、魚は水中にありて水を知らず、人は妙法にありて妙法を知らずの喜怒哀楽の人間どもを乗せ、循環交流の生命維持機構の摂理の筆で、終わりなき文字なき長編の歴史小説をつづる。

この地球上にヨーロッパあり、アジアあり、地球は丸いのに日本は東の端、極東の国と言い、しかも深く広い海に守られ、十九世紀までは西欧には知られることなく、伝統文化に言葉をひとつとし、万世一系の天皇を中心とした中心帰一の家族国家として温存されてきたのである。

一度、鎌倉時代、蒙古にジンギスカンが興り、次第に強大となり、国号を「元」とし、フビライが即位した頃は、アジア、ヨーロッパにまたがる大帝国になった。

その蒙古が二度にわたって攻めてきたのが、文永（一二七四）と弘安（一二八一）の役である。

弘安の役では十万余の大軍に四千余の大船団で攻めてきたが、サムライ国家日本は鎌倉男子ここにありと統一し、世界無敵の元軍を退けた。

そのフビライに仕えたイタリアの商人・旅行家のマルコ・ポーロが扶桑《ふそう》の国・日本を聞き、『東方見聞録』に黄金の国ジパングとして紹介したことから、世に光り輝く黄金の国として知られるようになった。

その『東方見聞録』からイタリア生まれの探険家・コロンブスが東方へ東方へと航海し、一四九二年、アメリカ大陸を発見した。

その後、コペルニクスの地動説を支持したガリレイが宗教裁判にかけられ、それを放棄させられ、その場を後にしながらボソボソと、「それでも、地球は回っている」と言った一六三三年から、数えて今年で三七三年しか経っていない。

しかし、現代の科学者も生活上の会話に、「ああ、美しい！　お天道様が昇る」と無意識に言葉に出るように、命としては太陽が昇り陽が沈む、そして地球は止まっているのである。

ふと思えば、誰もが知るように地球が動いているのも止まっているのも正しい。しかも、科学的な体重計で体の重さを知るが、事実は重さが感じない体を「空だ」と言い、体内に胃も腸もあるのに、「無臓《ないぞう》」と言うがごとく、飲んで食って垂れて寝て起きて息しているだけで生きている不思議な体は、「我が物にして、我が物にあらず」、神から借りている神体である。大は宇宙から小は細菌まで、命あるものはすべて神創造にして、いまだ人間は生きた虫一匹、木の葉一枚作れない事実からして明らかである。

しかるに、この地動説を境に栄えたヨーロッパ文明は、目に見えない現象を計算し、分析し、その法則を発見し、近代科学を生み、その法則はすべて神の妙法なるを氣がつかず、自然を征服するがごとき傲慢な思想となった。「白人にあらずんば人にあらず」の優越感からアジア民族を次から次へと征服し、草刈的に植民地化していった。

アジアの中の日本は、神代の昔から宇宙構図の菊の御紋のように、「中心をたて、分を明らかにして、中心に結ぶ」中心帰一の国柄で、不動の万世一系の天皇を中心に、神と共に思い、神と共に語り、神と共に行なってきた、神人和楽の神国である。

儒教の創始者で論語で今なお有名な孔子は、紀元前の春秋戦国時代の乱世に生きた聖人で、易姓革命の中国では、道を説いてもむだであると憂い、東方の日本に移住したいと言ったという。

その中国より五五二年に仏教が伝来し、仏像崇拝の可否の論争起こる国難の宗教戦争となり、五八七年に蘇我馬子は排仏派の物部守屋を滅ぼし、政治の実権を握り、「蘇我氏あるを知りて、天皇あるを知らず」の蘇我氏全盛期で、今度は五九二年、帰化人・東漢直駒《やまとのあやのあたいこま》を使って、恐れ多くも第三十二代崇峻《すしゅん》天皇を殺すという仏教伝来による複雑怪奇、紛糾の時代となった。

　かかる時に聖徳太子は十七条憲法を制定され、国是とも言える「和をもって貴しと為し、逆ふことなきを宗と為せ……」と、易姓革命になるを防がれ、神の化身の聖徳太子は神の子・人間の心には「和」と「争い」の心ありて、「思った通りになる」。されば常に「和の心」で生き、「争い」の感情の心が起きたら瞬時にその心をグッと抑制し、逆らうことのないようにと、自ら日本古来の自然を神とする「神ながらの道」神道を本に仏教や儒教に逆らうことなく、副食のオカズとし、善きを入れ、悪しきを捨て、道義国家・日本の基礎を築いた。

　以来一三〇〇年大政奉還まで戦国時代と言えども天皇は護持された。そして仏教伝来と元寇に続いての国難の西欧の植民地化をはねのけた日露戦争の勝利、そして植民地に喘ぐアジア民族解放の大東亜戦争には敗戦となったが、易姓革命で苦しむ中国の蒋介石総統が体を張って万世一系の天皇を護持されたるは奇跡の一語に尽きる神計りである。

　そして今、物質文明の美名に眩惑され、小にしては家庭内の争い、大にしては西暦二〇〇六年の今なお戦争が絶えず、環境破壊に、分化思想からの結果、神創造の太陽は核融合なのに、それに反逆するがごとき核分裂の原爆で、陰陽結びの自然生命の危機となり、神のロマンの親子団欒の神人和楽の住まいの地球という惑星が迷惑星となり、天の怒りか地の声か、天変地変が多い。

　また、神は生命体の地球の心臓の位置に、日当たりがちょうど良い日の本の国を、世界国家雛型としての神国を創られ、神武以来三千年、世界に類例のない万世一系の天皇を、恐れ多くも蘇我馬子のごとく一部の曲学阿世の徒による女性天皇容認は、易姓革命となって世の乱れとなるは、中国五千年の歴史に照らして明らかである。

まさに「城は内より壊れる」の譬えである。唯一原爆の洗礼を受けた日本こそ聖徳太子の「和をもって貴しと為し、逆らうことなきを宗と為せ」の思想を広め、争いはすべて怒り怖れ憎しみの感情のもつれから始まる。その感情を抑えるは、神の与えた笑顔で逆らうことなき平和な地球一家の理想郷を創るのが、日本の使命と悟るべきである。

私の持論の、物を計るは物差、心を計るは志から、生活の物差は、立って半畳、寝て一畳、天下を盗っても四畳半と、日本一の小さな神社を建て、道場は三十三畳、私は屋根裏に寝床兼書斎で生活している。

故に毎朝の掃除も簡単、維持費はゼロに近く、金のために働くことなく、神が公平に与えたもう時間を高邁な志のために屋根裏より霊峰富士を眺め、古典をひもとき、そしてペンを走らす。人の心は太陽を思った瞬間往復するように、心は光より速く、宇宙より大きい。

長崎の原爆の九日の今日、台風一過の外を眺め、時の流れを通観しつつ、世の行く末を思い、背後霊の守護神と共に思い、共に語りつつ、屋根裏より一筆認《したた》めたる次第。

〔三六〕ダライ・ラマ法王・十四世

写真は、一分の隙もなく護衛されて帰るダライ・ラマ法王に、「ペマ・ギャルポ」と叫んだら〝パッ〟と私を振り向き、護衛が道を開けたので、すかさず近寄り、「暫らくです」と堅い握手をした、その一瞬を東京外語大のモンゴル語専攻の佐々木健晴学生に撮らしたものである。

この咄嗟の判断は、感性であって、知性ではない。あたかも車の運転は、一瞬に事故がある様に、一瞬に命を賭ける武術は、五感を通じ、感性を磨き直感を養う。

学歴社会の現代、話の流れから「大学は?」と聞かれる時がある。その時、間髪を容れず、「東大!」と言うと、大抵の人々は〝えっ、ホント〟という顔で、私を振り向く、その一瞬を捕らえて「出たかった」と言って笑わせる。

この手と同じに「ペマ・ギャルポ」と言うと、ダライ・

ラマ法王も振り向く人物である、ペマ・ギャルポと私の出会いは、亜細亜大学での武道哲学としての合氣道の授業での〝臍哲学〟からである。

秒針が絶対的積極の時を刻む様に、宇宙は一瞬のとどまりもなく進化と向上の創造の心にして、千変万化の動植物を産み育て給う。

この自然の流れを神と称える「神む流れの道」神道の武道的表現の合氣道は、神人和楽、夫婦和合の結びの武道である。

生命は陰陽、天地、左右、男女の相反する相対のものの仕《つか》い合せの「仕合」にして争って争わない、ぶつかってぶつからない所に和を探求する、試合なき和の武道である。また美しく投げ、美しく受ける美の流れは音楽にして心身を癒す、和と美の体話である。

上下、左右の調和の中心が不動の臍であって、不動があっての自由で、片方の足が不動で歩き、顎は上が不動、瞼は下が不動である、体重は臍で消されて体が空だで自由になる。

家庭の臍は母で、父は頭、国は天皇が臍で、地球上の全ては万有引力によって、中心の臍で結ばれている。その姿が菊のご紋で、「中心をたて分を明らかにして中心に結ぶ」は、宇宙構図の生命体である。

生命体は、独楽の如く渦で遠心と求心が同時存在し、中心は台風の目の様に涅槃寂静《ねはんじゃくじょう》の〝真空〟、その心は母の大愛の慈悲仁愛、全てを吸収して禊ぎ祓って、生かし育て与え、全てを許すは中心の臍である。

〝女は弱し、母は強し〟、家庭の臍となりし母のふくよかな心と体にいだかれると、子供は泣きやんで嬉々と遊ぶ如く、悩みも悲しみも疲れも消されて活力を産むは母なり妻なり――『女よ母ごころに帰れ』(ぱるす出版)。

全てに中心の臍ありて安定する、臍の話からの出会いのペマ・ギャルポは六歳、ダライ・ラマは二十四歳の昭和三十四年(一九五九)、中国の武力弾圧から家族と共にインドに亡命、そしてペマは十二歳の少年から日本で育ち、長じて亜細亜大学で私と出会った。

昭和四十年代の亜細亜大学の学風は、いまだアジアを興す氣風が漂い、教授陣は戦中の大陸浪人の如き豪放磊落な傑物揃いで、さながら中国の小説『水滸伝』の梁山泊を呈していた。

その、そうそうたる野人教授達の薫陶で、日本人以上の日本人となったペマ青年は、卒業四年後の二十七歳で、ダライ・ラマのアジア太平洋地区の初代代表となった。

そしてモンゴル国立大学より政治学博士号を取得し、長年の亡命生活から書いた「悪の戦争論」は、石原都知事推薦の名書である。

日本人の日常の挨拶の「おかげ様」の言葉のウラに含まれている、八百万神《やおよろずのかみ》に対する、何事にも感謝する心は、二十一紀の処方箋と高く評価している。


旅人と難民との違いは、帰る処があるか、ないかである。

今やペマと呼び捨てに出来ない人物となったペマ・ギャルポ氏は、政治学博士としての学識と、難民の立場からの論理もするどく、難民となったパレスチナのテロ行為は、一般民衆を無差別に巻き込む故に断固反対と言い、相手のイスラエルの人々にも、二千年も離散生活を続けながら、ユダヤ民族として団結して、国を再建した思いの強さは尊敬に値しますが、今の武力行使には大反対と言い、テロと武力の衝突は報復の連鎖を生み、多くの無辜《むこ》の民の命が不当に奪われるだけであるとのペン先に、チベットの民を思う慈悲の涙を感ずる。

そして、インド独立の父マハトマ・ガンジーは「無抵抗主義」ではなく「非暴力主義」で植民地支配のイギリスに対し、〝非暴力〟で徹底的に抵抗に抵抗して戦ったとの文筆には力があり、時代は西洋から東洋へ、物から心への流れを洞察する慧眼を感ずる。

古来「鼎《かなえ》の軽重を問う」故事、ペマ氏はダライ・ラマ法王の参謀の一人か。

法王は、「如何なる人であっても、自分が幸せになる為に、他人の幸せを犠牲にする権利はない」と強く言い、「国益の為に」が戦争の原因であると、チベットに侵入してきた中国にも、自ら非暴力に徹し、仏教の愛と慈悲による世界平和を唱え、祖国で苦しむ同胞を励まし勇氣づけてきた。

この非暴力に徹した長年の不撓不屈に世界は動き平成元年、ノーベル平和賞を受賞した。

そして去る十月三十一日、新高輪プリンスホテルで法王の講演会があり、アルプス歯科の寺川國秀先生の連絡で家族ぐるみで出席した。

寺川先生は歯の噛み合せの、個人から世界平和の噛み合せを説く、生命の思想家として有名で、世界の医学会に出席し平和を唱えている。

私と法王とは約二十年も前か、ペマ氏の紹介でお会いして以来の暫らく振りで、握手でもと思ったが、今やノーベル賞の肩書きで、遠くから拝顔するのみであったが、咄嗟の機転で〝ペマ〟の名を呼んだお陰で、写真が撮れた。

また息子の嫁、知子は法王を一目だけでもと出席したが、子連の為に廊下にいたのが幸いし、一歳半の宣綱のほほを法王は両手でなでられ、そして握手してくださったと驚喜して語った。

ときあたかも、ニュースは、北朝鮮の核実験に対し、国連の安保理は全会一致で制裁を決定したと言う。アメリカもロシアも、中国、フランス、イギリスも核実験をやり、核兵器を保有している以上、制裁の資格も言う権利もない。資格があるのは日本だけである。

かつてダライ・ラマと会った頃、広島に「将人会」を中本氏と作り、原爆の洗礼を受けた広島と長崎こそ、核廃絶のカードをもつ、されば悲惨な原爆の写真を世界に流し、また衛星放送から流すことを計画したが、合氣道師範の肩書きでは人踊らず、水の泡となった。

錆が錆を呼ぶ様に、争いの衝突は報復の連鎖を生み、核の連鎖は地球を破壊する。

されば今やノーベル賞の肩書きのダライ・ラマ法王は、世界にその名が轟く立場から、核廃絶の資格をもつ日本の政財界と結び、具体的に実行できる政策をたてるべきである。金も肩書きも平和の為に使わざれば、盲目の提灯なり。

世界の軍事費を平和に使ったら、まさに神が求めた神と人との神人和楽の地球一家のロマンの惑星となる。

そして洞察するに、世界平和の原点は、世界の人々一人ひとりが「お母さんただいまあー」と帰る家庭の平安であり、家庭は夫婦の結びで、平安の中心の臍は母である。

地球は母なる大地、国は母国で学校は母校、父ならば〝ふこう〟となる。離婚は、核分裂で国家の滅亡に至る。

申すまでもなく、人は現在只今の今、今に生き、自分より遠いもの程小さく、近いもの程大きい、あたかも遠い他国の戦争よりも隣りの火事のほうが大きいのが、人ごころである。

チベットの臍であるダライ・ラマ法王、そして国の代表の政治家も、大にしては世界平和を、小にしては国民に平安と安楽を与える責任あり。

民族を越えた庶民の心の現実は、待ったなしのお手洗いを待つときの如く、世界平和も糞クラエ！なり。喝！

［三七］ 分数道

分数は数を計算する算術であるが、術が道となると国家経綸の大道を司る。

あたかも国家は、個の家の集まりにして世界平和の原点は、「お母さん只今」と帰る家庭の平安である。とすれば分子は世界平和で、分母は家庭の平安となる。

天地の天は男で地は女の母なる大地、毎日母に帰る毎に母あり、世界の川は大海に嚮《むか》う海に母あり。母を思うが故に悔い改める悔いに母あり、平安の安に女あり、分母の母が安心、安楽の平安こそ、平和な分子となる。

数学は横書きなのに、分数の形は上下の縦であるのも面白い。

道は縦に歩くのに、蟹だけは横に歩く。しかもハサミ二本、即ち「ニブイ、ニブイ」と言いながら結構早く逃げる。

数学を解くから、解に虫の蟹は横に歩くと書けば、「なるほど」と縦に頷くが、蟹の解析学や微分、積分にアインシュタインの相対性理論を論ずる前に手と首を横に振る。

思えば、首を横に振って読む横書きの姿は「嫌々イヤ」。縦書きを読む姿は万国共通の「なるほど・ザァ・ワールド」である。

縦文化日本は、新聞を横に書くと本能的に「イヤ」の心で売れないと言うが、基本は縦書きだが、横でも斜めでも自由無碍な鏡の思想で、何事も否定もせず妥協もせず、そのまま写す大肯定の大和心から、文明文化の終着駅日本は何でもある。

数学も横文字も、縦に書くと首が痛くなるように、西洋は、分析的で文章も単数複数、男性女性名詞と、文化より分化の物質文明。日本の文は〝簡にして要を得る〟を善しとする感性で、行間を読むとか、眼光紙背に徹すという精神文化である。

私は分数と言うと、猿の親子を思い出す。

小猿が母猿のたてがみを掴んで乗り、母猿のすることを真似る姿を見て、「アッ分数だ」と氣付き、母が子を背負う分数の形こそ、母が子を育てるのは禽獣も同じ自然の道。だが、親孝行は人の道なりと、『日本人よ母ごころに帰れ』（ぱるす出版）の本を書いた。

日本の国鳥「雉」は、山火事の時、母雉は雛を抱きしめながら共に焼け死ぬと聞き、涙が込みあげ、よくぞ国鳥と指定し、前の万札に印刷したことに感謝した。

目に見えぬ　神の心ぞ母ごころ
命捧げて　悔も残さず　（乾舟）

と詠んだ。

神の心の母ごころの大愛、〝生かす心、育てる心、与える心、許す心〟は禽獣も同じで、産土《うぶすな》の神大地の母ごころの「誠」を同分母にして始めて道が通ずるを「通分」と言い、格言の「至誠通天」である。

分子は分母に割られる、即ち躾、教え育てられる立場。三ツ子（水子）の魂百までもの胎教から、一歳のお宮参り、七五三の節句、「男女七歳にして席を同じうすべからず」の異性を意識する年頃、そして第二の自我の目覚めの反抗期は子供と大人の真中の中学、体も力も分母より大きい過分数で、力のやり場なく、時には悪に走り、また分母を苛める家庭暴力ともなる。

これは人生道の避けて通れぬ通過儀礼の天然痘で、徹底的にスポーツか武道で鍛え、毒を徳にの善道に導き、しこうして「元服式」を盛大に祝う十五歳である。

「一家何分の一」とする〝真分数〟は、一家を興す真人としての自覚をもつ為に、改名までする分数道の儀式である。

「学問は道を明らかにすることなり」

人生の道を明らかにする分数道の七五三、そして冠婚葬祭は最も重要な国家的公式の儀式である。

何故ならば、母国語を忘れた民族は滅びる如く、言語、歴史、伝統文化に儀式、そして儀礼歌は分母の道を明らかにする。

分母は航空母艦が示すように〝重厚長大〟で、海に浮かぶ日本列島の如し。その上の分子の艦上機は〝軽薄短小〟の日進月歩の物質文明で、豊かな生活。しかし何事にも「お陰様」と感謝する日本人は、筆や針にも供養していたのに、先祖供養もせず、社会はカタカナの文字が氾濫し、分母の愛国心なき金の亡者が多く、物で栄えて心で滅びる感多し。

日本は道の文化で、道は歩くもので道路と言い、路が術や宗教で、道元禅師は仏教を仏道と言うように、分子は宗教で分母は宗道である。

神武一道の我が合氣道の道場は、神社作りの為、宗教上入門できない人がいたので、あえて分かりやすく戯れ言に書くに、神社の原点は、人知では計り知れない生命誕生の神秘な性器崇拝で、誕生は十月十日の月日、しかも大きくなってから出るという現実の不思議さから、見えざる実在を直感し、分母の姿形から、神秘にして荘厳な神社を創建したと直感した。

すなわち鳥居は美しい分母の〝御御足《おみあし》〟、参（産）道には「御手洗所《みたらし》」の禊ぎ場で浄め、生唾をグッと飲み込んで奥歯を噛みしめ、精神を統一して、鬱蒼たる鎮守の森にある子の宮に百度参りの願を懸けて、子宝を授かる。

この神秘にして荘厳な伊勢神宮にお参りした鎌倉時代の禅僧西行法師は、超越的な生命の根源にふれ、

　何ごとの　おはしますかはしらねども
　かたじけなさに　なみだこぼるる

と詠んだ。

この〝かたじけなさに〟の心こそ、内面から湧き出る聖なる誠の心である。

宗教宗派に民族を超えての母ごころの如く、神降臨の神社の神域は大愛の神氣が漂う。

月に一度の月次祭《つきなみ》には、生理整頓、大掃除によって生成化育の産土大神の大地の分母となり給いて、

分子の父や子の悩みも悲しみも疲れも消して、活力を与え給う。
文豪吉川英治も、お伊勢様にぬかずき、

　ここは心のふるさとか　ひさのおもいに参ずれば
　　うたたわらべにかえるかな

と詠んだ。ほのぼのと母のぬくもりを感ず。
思うに鳥居の七五三縄《しめなわ》の三本は天地人か、左縒《よ》りは地球の動きか、天地の結界の締め縄に白い紙を垂らしている「紙垂《しで》」は、天の雷オヤジの一喝と光の放電の射精か、分母の大地の稲田姫に降臨するから稲妻か、それで稲が孕むのか、と嘘か誠か次々と頭に浮かぶ。

　されば美しい分母の膝を枕に、一分の一は一なりの分数道の深さから、夫婦は一体、神人一如、人類分の人類は一つと、玉串の形の御手洗《みたらし》団子を味わいつつ、道の話しもこの辺で！ドーォ！

猿の親子

［三八］一言、時に一生を救う

人は現実只今の、〝ひねれば痛い〟今、今に生き、その現実只今を救うのが現実只今の力である。

怪我や病いの時は医者が神様であり、急ぐ時の車やタクシーの有難さ、また有るようで無いのが公衆便所。また有ってても「トントン入ってます」の時の心の動揺。出物腫れ物所嫌わずの「待ったなし」で、名誉も地位も財産も通用せず、無神論者も「どうか間に合いますように」と神に祈る人ごころ。天下国家の国会の本会議も、この時ばかりは「世界平和も糞くらえ」のように、現実只今は自己より近いものほど大きく、遠いものほど小さい。

申すまでもなく、生あるものは必ず死すとは誰もが知るところであるが、私の先輩が突然狭心症で「アッ」と言う間に三十一歳の若さで亡くなり、私としては最も近い人ゆえに大きな問題であり、「我とは何ぞや」と悩み始めた。

人とは何ぞや、何のために生きるか、食うためめか、食っても死ぬではないかと悩みに悩み、山に籠り滝に打たれ、禅をくみ、宗教や哲学の本を貪り読んだ。しかし、「人とは何ぞや、人間とは何ぞや、その間とは何ぞや、また我は何処から来て、何処へ行くのか」と次から次と疑問が生じたが、一つとして解決できなかった。幸いにも英語を知らないからノイローゼにならなかった。

縁は異なもの味なもの、袖振り合うも多生の縁の中で、哲学者多けれど哲人少なし、五百年に一人出るか出ないかの哲人中村天風先生と出会った。

その時の要点を記すに、「死とは何ぞや」に対し、「この世は生きている人だけ」「死んだ人はこの世にはいない」「人は死ぬまで生きている」「死とはみんな逝く所だから死んでから考えても遅くない」との即答で、〝パッ〟と目の前が明るくなって涙に咽んだ。つらつら考えるに、あの世はいい所か、その証拠に誰も戻ってこない。

そしてまた、霊魂は永遠なれど人生は一回限りで、しかも過去は及ばず未来は知れず、死んでからのことは宗教にまかせろ。現在とは過去の総計にして未来を孕む一瞬一瞬にして、〝今というまに今は無し、まの字来ればいの字過ぎ行く〟との武術の歌があるように、一瞬一瞬が、ま、ま、まの連続で、深く深く思考すれば、一瞬一瞬が過去に生きていることである。日本の武道の死生観の死、死、死を生きる深奥がそこにある。「貴様、武道をやれ」「日本の〝間〟の文化を極めろ」との一言で合気道人生となった。

また、東武百貨店の山本鑽社長が伊勢丹時代、四面楚歌の中で非常に苦労していた時、天風先生から「野中の一本杉でいけ」との一言で伊勢丹を盛り上げ、次には松屋の副社長になって松屋を再建した。東武の社長に迎えられたのも「野中の一本杉」の一言のお陰であったという。

また二十世紀の日本を代表する女流作家の宇野千代さんは、『おはん』を書いたあと数年間、一行も書けなかったのが、天風先生に、「人間は何事も自分の考えた通りになる。自分が自分に与えた暗示の通りになる。出来る、出来たと信念すると、どんなことも出来るように、心の法則が出来ている」と、朝夕の鏡に向っての観念要素の更改法によってどんどん書けるようになったとは、直接宇野先生よりお聞きし、我が娘・真澄は天風先生や宇野千代先生にも可愛がられたことは、私としても誇りである。

また聞いた話であるが、天風先生の古いお弟子さんの、ナショナルの松下幸之助会長は、体は弱く、学校は小学三年までしかゆけず、四畳半の工場から会社を始めたが、この鏡の暗示法で、「お前は運命がいい男だ」との行法を自信をもって実行したある日、〝パッ〟と心が明るくなり、体はスーッと軽くなり、心にコマーシャルが閃き「明るいナショナル」とのことから日本一の納税者になったという。

その真偽は別としても、精神統一してスプーンを曲げる人は、すでに曲がった姿を意識しているという。すなわち、過去に生きることであり、かくいう私も、家を建てたと、心に建っている家を意識し、二度家を建てた。

今年の四月二日、財務大臣尾身幸次先生が我が住む街で選挙応援の演説中私を見つけ、古い友人と紹介され、急に偉くなったように錯覚した。　尾身先生とは天風先生の門下生として、青年時代「さきがけ」の仲間である。

人を見て法を説けのごとく、私には「貴様、武道をやれ」の一言なれど、体の弱かった尾身幸次青年には「何と言われたか」は知らねども、今や位人臣を極めての幾多の大臣、そして財務大臣として日本国家の財政の長となって国の舵取りの立場である。

思えば「死とは何ぞや」の悩みからの天風先生との出会いのように、昭和三十年代当時は、「人生とは何ぞや」「心とは何ぞや」との議論の中で、「宇宙は氣を中心に動き、社会は金を中心に動いている。ゆえに国家とは金なり」と言った仲間の尾身青年が財務大臣となりしは、天風先生はもちろん天風会を現実に背負っている服部嘉夫氏や稲松信雄氏ともども誇り高き次第である。

古来、「一銭を笑う者は一銭に泣く」で、八十二兆の国家予算も一円からで、一円を拾うのでなく国を拾う心が、国家とは金なりの心である。

金は正直で、一円は一円、千円は千円で嘘を言わないのに、人は嘘を言い、国民の血税の奇麗な金を役人が汚職する。人も金も、そのまんまの姿でよかったのに、汚職はいけないと、ソノマンマ東が県知事に立候補して、ソノマンマ当選し知事の地位を得た。

尾身幸次氏（右）と　孫の宣綱を抱いて

「人は地位を得て尊きに非ず、地位人を得て尊し」、天風哲人の門下の尾身先生が財務大臣になったから尊いのである。写真は尾身氏に嫁の知子と「将来の財務大臣、孫〝宣綱《のぶつな》〟」を紹介したものである。

男女は人間として差別なけれど区別の使命あり。男とは何ぞや、「妻子を守り、家族に安心と安楽を与える」。日本は国家と言うように、政治は家庭なり。されば政治とは国民の生命財産を守り、国民に安心と安楽を与えるものである。国は人体と同じ国体と言い、国民を人体の腹と同じ同胞《はらから》と言う。城は内から崩れる譬え、人体の腹なる国民が腐ると国亡ぶ。

［三九］　八十歳が残すメッセージ

人間の最大の発見は「氣」の発見、最大の発明は「金」の発明にして、宇宙は氣を中心に、人の世は金を中心に動く。氣も金も根元的エネルギーだが、「飲めない、喰えない、着られない」で、氣も金も使い方一つで仇とも味方ともなる。

「金の切れ目が縁の切れ目」「人の心は好き嫌い」と言われるように、親子夫婦の争いも、国と国との戦争も、元をたどれば感情のもつれから始まる。

何事もプラスに思うか、不平不満のマイナスに考えるか、どちらかである。まさに、「人生は心一つの置き所」、神より与えられた最高の宝である頭の使い方を知らないと、宝の持ち腐れとなる。人間だけに与えられた幽玄微妙な心を、いかなる時も常に明るく朗らかに、生き生きと勇ましく、勇氣をもって積極的な態度を堅持することが、第一義的生き方という師の教えに従い、一つひとつ、また一つと、口と手と足で解決してきた。

人は、生と死の間が人間であり、今生きつつあるところが、その人の文字なき詩である。どうか、後からくる人たち、「壁に耳あり、障子に目あり」の諺があるように、他人様からの評価は厳しいものがありますぞ！

・なくてはならぬ人
・いてもいなくともよい人
・いないほうがよい人

乞い願わくば、「いないほうがよい人」には、ゆめゆめならぬよう。
最後に明るく生きるための詩を紹介して、「おさらば」とする。

明るい顔

自分のものでありながら　同時に人のものでもあるこの顔
人類のためにも大切にしよう　明るい顔が周囲を明るくし
暗い顔が周囲を暗くする　自分の顔だから
どんな顔をしていても　平氣だというのでは
周囲の人々がたまらない　顔は心の門札であり出張所だ
だから一喜一憂が　すぐ顔にあらわれる
苦しみや悲しみの中にも　喜びを発見し
お互いに明るい顔で　この世の中を
少しずつでも明るくしてゆこう

明るくなければ人生じゃない　笑え

これは私の傘寿記念に出版する『悠悠人生』（ぱるす出版）の「あとがき」である。

また、私の座右の銘の一つ、「天命に生き　運命に挑み　使命に燃ゆ」を有田焼の丸い飾り皿に焼き付けた。

「天命に生き」とは、私と親、私と日本、との関係は天命であり、この日本、そして親との一大事因縁を道義化し精神化することが、取りも直さず日本国家の永遠の生命に参与することであり、国に忠、親に孝の「忠考仁義」が伝統文化の実践哲学である。

また、天命による我が体は我がものにして我がものに非ず、神の神体で、夜の床入りは人間ドック入りで、持主の神が修理に掃除、エネルギーを充電して、翌朝、額の心眼にあるスイッチを押すと、人は神体から身体となって目覚める。

天命による心の住み家の体の生命維持機構の摂理は神の叡智にして、驚嘆の一語なり。

神体は神経の塊で、守るための外向きの五感。その五感の感覚による生き甲斐、五欲の満足感の喜びを与えられて生命が継承され、五感五欲は第六感のある額の心眼で喜怒哀楽を認識し、外向きの五感五欲に対し、心眼は内向きにして、幽玄微妙な創造心による文明文化を築き、陸海空を自由に快適に、豊かな生活を謳歌する。

この至れり尽くせりの最高のロボットとも言うべき心の住み家の神体に感謝し、何があっても感謝々々のプラス思考が運命を拓くようにできているのが、心の法則である。

人は神の道、神経によって直接生かされ、神経は、心の状態で広くなったり狭くなったり、時には氣絶からショック死となる。

故に神道は心道なりと、神社には必ず心を表わす大きな御鏡が中心に飾ってある。一瞬にそのままを映す鏡は、何事も否定もせず妥協もせず、大肯定し、残像を止めずの明鏡止水の心は大和心なりを示す。

「運命に挑み」は、この世のものは、神なる自然と人間の作ったもの以外なく、人間のみに神の進化と向上の創造心を賦与され、神の作れぬ物作りに挑戦し、豊かな物質文明を築いた。

人間のみが、我は人なりとの主観的動物で、その根本原理は「自由」であり、自由の自己主張が感情の心となり、「人と人、国と国との争いも、全て感情のもつれから始まる」

古来、「さしあたる事柄のみをただ思え　過去は及ばず　未来は知られず」で、比較すると幸不幸となり、前後を思うと不安となる故に、「もし」と「もう」は禁句なりと。

金なきは足なきに等しの、貧乏の辛さは誰もが知る。童謡の『兎と亀』で、♪世界のうちでお前ほど歩みののろいものはない♪に対し、♪それならお前と駆け較べ♪の歌の閃きから運命に挑み、「負けてたまるか」と、人が七時間寝るなら六時間として、独学、賭け事は人生以外一切やらず、将棋も碁も知らず、スポーツはやるものにして見るものに非ずと、野球も知らず、学問は耳学のほうが実になると、著者を訪ねては「生きた本」の先生と縁を結び、物知りよりも物わかりの人物で、「学問はめしと心得るべし、肚によし頭に悪し」と、大切なものは徹底的に暗記しては消化吸収して肚に納め、「知識は問題を理解し、胆識の度胸は問題を解決する」と、〝艱難汝を玉にする〟先人の手引きで、いろんな修行に入った。

そして、中学も出ていないのに、大学と大学院に挑戦し、卒業したのも、『兎と亀』の童謡のお蔭である。

諺に、「出る釘は打たれる」とあるが、しかし、「釘も出すぎると引き抜かれる」か、いろいろな修行のお蔭で神道家でもないのに、神道教授として、フランス政府文化庁の招聘として引き抜かれ、二度も花の都パリで生活した。縁が縁を呼んで、東京ディズニーランド開設には、日本刀で祓ったことから剣祓いの神主として、人が知るようになった。

その上運命に挑んだ生き様を本にし十数冊出版するという成せばなる人生である。

「使命に燃ゆ」は、バクテリアは物を腐らせて浄土となす使命ある如く、全てに使命あり。人の使命は物作りで、物には衣食住に品物、最高の物作りは人物創りで、人間のみが教育される動物である。頭に手足と、それぞれの使命あり。男女も人間として差別なけれど使命の区別あり。動物は食うために生き、人は生きるために食う。どう生きるかの生き方である。

物を測るは物差、心を測るは志で、生活の物差は立って半帖寝て一帖、天下を盗っても四帖半、着物は一着、ご飯は二杯、寝だめ食いだめ着だめもできず、厠の姿はみな同じ、風呂に入る時はみな裸である。

「人生とは心なり」で、心を測る士の心の志は、自己より遠い志ほど尊しなれど、あくまで第二義的生き方で、志は変わることあり。

第一義的生き方は、心は明るく朗らかに、生き生きと勇ましく、積極的に全てを大肯定するプラス思考で生きることである。

そして、現在只今の今何をなすべきかの使命を悟り、人の喜びを我が悦びとなす使命に心を燃やすところに生き甲斐を感ずる。

[四〇] 八十年の流れ ―― 大道商人から大道説法へ

「サァサァお立会い、お立会い、ご用とお急ぎでない方は、寄ってらっしゃい！ 学生さんは参考のため！ 目の悪い方は目の薬！ 爺さん婆さんは冥途《めいど》の土産！ 張って悪いのは親父の頭！ 張らなきゃ食えない提灯屋！

一は、物の始まり泥棒の始まり、泥棒の始まりは石川五右衛門！ 博打《ばくち》の始まりは熊坂長範！

二は、憎まれ子、世に憚る！

三は、三三六腑は女の大厄、三十三で死んだか三島のおせん！

四は、四角四面は豆腐屋の娘、色は白いが水臭い！

〝ゴーン〟と鳴るのは山寺の鐘！

〝ジャン〟と鳴るのは火事の鐘！

火事と喧嘩は江戸の華！

十四と言えば助かるに、十五と言ったばっかりに、江戸市中、お引き回しの上火炙《ひあぶ》りにされたという、聞くも涙語るも涙の八百屋お七の物語……」

ご存知「男はつらいよ」の寅さんの啖呵《たんか》売りの下りを、事もあろうに、去る九月八日、明治記念館での私の傘寿記念講演に、つい口から出てしまったのに、なんと！　ヤンヤの拍手喝采とは、驚き桃の木山椒の木、枯れ木に狸に蓄音機である。

講演に続いての祝賀会では、幼少の写真から八十年の流れを映像でつゞった十五分であるが、それを文にするに「食こそ生命」で、食糧を握る者は世界を握る。

昭和二十年の敗戦時の食なき時の苦しさは生涯忘れることが出来ない。

そして、食うために生きてきた昭和二十三、四年、私は二十歳二十一歳、東京はまだ空襲の跡も生々しく、天下の吉田茂総理も、上野駅では闇米列車ともいう汽車の窓から出入りしたと書いてある混乱の時代である。

その上野駅の西郷さんの銅像を下りた都電通りで、私は本の叩き売りをしていたのが冒頭の台詞である。私の隣りの大道商人は、セトモノ屋、右隣りは義足の傷痍軍人で、アコーディオンを胸の前にかかえて演奏し、通る人々に金を無心する。

私の少年時代の夢は恰好いい神風特攻隊であったが、その夢も破れ十四歳で徴用工として名古屋に動員され、爆撃の中、九死に一生を得て敗戦、そして十九歳、小さな釘が左の目に突き刺さり独眼竜となり、六ヵ月の盲目の入院生活からの、金稼ぎの為の大道での啖呵売りである。

戦中戦後の激動の昭和史を生きて生き抜いてきた人生山河、ついセリフが口から自然に出る野師も我が人生の一部であり、又その仲間達は学歴も学問もないが、子供の為に一生懸命働いている愛すべき人達である。

中でも國の為に戦った傷痍軍人に、國家としては何も出来ない敗戦の惨めさを、いやという程心に残り、戦争になったら絶対に勝たねばならぬと思った。

昭和二十五年六月、朝鮮戦争勃発、八月、警察予備隊が設置され、二年間で退職金六万円の金欲しさに応募、片目は受験資格なし、然し何事も本当の見方は〝やってみる〟こと、目の検査で右、左と咄嗟《とっさ》の閃きから少しオーバーに手を取り替えたら、試験官達の目が錯覚して合格！ 以来世の中は何事も錯覚の世の中と悟り、人生は楽しくなった。

また、現実の人の世は、学歴社会で大学は高校を卒業しないと入学出来ない。私は小学校卒で中学も出ていないが何事も当たって砕けろ！で、邦了本先生に直接お会いし、警察予備隊に入隊を目でなく手を取り替えてのが氣に入られ、定時制の高校一年に編入、一年後は強引に卒業を願い、規定は曲げられぬ、「自分で書け」と肚の出来た先生で、卒業証書を自分で書いて卒業、数年後調べたら卒業になっていたという、よき人間関係の時代である。

英語を廃止した時代の戦中派の私は英語らしいのは、アイとアンド、年頃になってHを知った笑うに笑えない嘘のような昭和一桁、そして、大学入学試験の英語は月が出た出た月が出たとローマ字で、きれいに書いたら、試験官は炭坑節とは知らず、英語が出来ると錯覚し大学に合格した二十六歳、大学院の入学試験のドイツ語は医者の息子の高木君の書き写しが露見、すでに三十歳の顔と小学五年の本を置いたのを見て、子供がいると錯覚！「戦争の犠牲者だ」の一言で、試験官は黙認、合格した。

私の大学、大学院は勉強ではなく、人の社会を生きる為の手形の卒業証書が目的で、実力は後からつける先付小切手だと、年齢も手伝って教授達と個人的に親しく、試験もせずに卒業したという嘘のようなほんとうの話である。

そして大学院時代先輩の仲人で見合い後、十日で顔もよく知らずに結婚式となった。妻も片目がない私に対して「ひと目惚れ」とは中々な奴である。

雀ですら巣を作る。万物の霊長たる者は、先ず家をと結婚十ヵ月後には、土地七十坪の上に立派な家ができた。

当時は自分の持ち家で電話があり、その上大学出となれば、最高の信用手形で金を貸してくれた時代である。

家も大学の卒業証書も生きる為のウラ書きである。問題はその物を通しての精神で、國に肇國の精神、学校に建学精神、家に家訓ありと、簡にして要を得た家訓を作った。

質実剛健
一、質素な生活
一、高邁な思想

と定めた。

物を計るは物差、心を計るは志、故に生活の物差は立って半帖寝て一帖天下を盗っても四帖半と、最低の生活で最高の文化を追求する小さな家とし、志は大きく常に高邁な思想とした。時に昭和三十四年二月一日、三十二歳の誕生日である。

環境人を創る、菊のご紋に弱い私は、類は友を呼ぶ、旧中野学校出の人々と日本の将来を憂い、世界を制覇するものは、情報、エネルギー、食料、そして、金なりと秘密裏にスパイ学校を設立し、その裏では一人一殺の組織を企画したが、丁度その時日比谷公会堂で、社会党の浅沼稲次郎委員長が演説中右翼の少年山口乙矢に刺殺されたこともあって、マスコミに発覚。アメリカの『タイム』に私の顔写真まで掲載され廃校、命を狙われ山に籠もった血氣盛りの三十三、四歳、約二年数ヵ月、我とは何ぞや何の為に生きるべきや、死とは何ぞやの道を求め、宗教の本を貪り読み、座禅に滝行にと道を求めに求めた。

色々な滝行の中、群馬県の赤城の大滝ではふと滝の音が消え静寂となり、臍下丹田の前に、動中静静中動の独楽を霊感し、何とも言えない法悦の境に浸った。そして宇宙は渦であるとも感じた。

丁度、その頃後の総理大臣大平正芳幹事長からの要請で、マブチモーターの労働争議解決を依頼され、スパイ学校の借金もあり、約千二百名が赤旗を振るストライキの中に入ったが、その圧力と怒号に足が震えたが、引くに引けず、着物姿のお陰で道を空けてくれた。

人の良い労働組合の委員長のお陰と、組合を組み合わせとする日本の道から解決したが、思えば大道での啖呵売りの体験のお陰でもある。その時の報奨金が何とスパイ学校の借金と同じの百万円であった。

そして生涯の師と仰ぐ中村天風先生と出会い「死とは何ぞや」に対し「死とは誰もが必ず逝くところだ、死んでから考えても遅くない」と喝破され、見事な回答で〝パッ〟と目の前が明るくなり、流す涙が心を洗った。つらちら思うに、あの世はいい所か、その証拠に誰も戻ってこないと独り微笑んだ。

私を一瞥した天風先生は「貴様！　武道をやれ！　但し金儲けは出来ないがひと儲けにはなる」と申され「何は何でもクンバハカの修行だけは忘れるな」と申された。

クンバハカとは、一言で言うと〝肛門を締める〟ことであるが、ヨガの行では密法中の密法で、口や筆では言い尽くせない生命の根元に関係することである。日本では何かあったら〝褌を締めろ〟と言うように肛門が開いたらあの世逝き、笑いは人間だけで、万國共通の祓いの言霊で肛門は自然に締まっている。

臍の緒は永遠の生命に繋がる緒で、肛門を締めると同時に、臍と丹田に力が籠もる。風邪で咳をした時も臍下丹田に力が入ることでもお判りになるように、真理に繋がる工の字が肛門という漢字である。又肛門と臍は同じ図柄で、宇宙構図の菊のご紋や、地球を輪切りにしたと仮定しても中心帰一の宇宙構図である。クンバハカの姿は笑っている姿で、臍下丹田以外は全てリラックスになっている。即ち肛門を締め肩から力を抜き手は小指を締め、人差し指は絶対に締めない。これも理屈で何度も何度も稽古して身につけるべきである。

天風先生は「道場でどんなに強い高段者でもひと度外で暴漢に襲われナイフでも突き付けられたら、氣が上がって何も出来ない奴が多い」と申された。「古来、『喧嘩は度胸』と言うように、実戦ではなくとも、大勢の前で自己紹介すら十分の一も言えない人がいる」とも申された。

思えば大道での叩き売りの最初は上がって仕舞い、何度も暗記した台詞がしどろもどろで、冷汗をかいたことを思い出した。

そして昭和三十九年、三十六歳の時が東京オリンピックに東海道新幹線開通、その初乗りが、何と博打で負けた知人の命を救う為の○○組との対決である。

十三人の役座との対決は、やはり脅かしと、着物姿に合氣道師範の名刺、自己紹介には、右翼の大親分玄洋社の頭山満の孫弟子と名乗ったが、孫を小さく早く、弟子を強く言ったことで、弟子と錯覚されたのが功を奏し、事は穏便に解決した。

以来、関西のその筋の人達には名前を知られるようになり、合氣道一筋なのに、三十年後の平成七年、北九州での講演には、鹿児島の小桜一家の馬渡幸夫親分を始め、関西の親分達が子分を連れ、又右翼の人達が聴衆の三分の二を占めて異様な雰囲氣となった。役に立つから役座と言うが、役人なのに役に立たない者は國家の為にいないほうがいい奴との話から始まり、啖呵売りの調子が大いに受けたが、連れていった妻や息子の暢榮が、親父の裏の人脈に戸惑ったが、國の為には命を捨てる憂國の士で、なくてはならぬ人達である。

憂國と言えば「憂國忌」でその名を留める三島由紀夫氏とは防衛問題で対談の話まであったが昭和四十五年十一月二十五日、忘れもしない水曜日、命より大切なものをと、永遠の國家生命に切腹して果てたショックは、待望の我が家の命を継承する長男暢榮誕生と相俟《あいま》って忘れ得ぬ昭和四十五年である。

縁が縁を呼ぶ名古屋に三島記念館が建設され、その祝いに真珠湾攻撃の航空参謀、源田實、ロッキード事件で有名になった児玉與志夫そしてカネミの加藤三之輔社長と同席、その時加藤社長より教わった「先ず一魂」が私の十八番の「先ず一献」の歌となった。

日本の永遠の國家生命とは、万世一系の天皇の皇道で、これを國體と言い、昭和二十年八月、未曾有の敗戦には國體護持が最大の問題であった。

その國體を命を賭けて護持されたのは、中華民国の蒋介石総統である。

中国歴史の流れの苦しみは易姓革命によるものであるとの蒋介石は、日本の士官学校で東洋道義を学び「怨みに報いるに徳をもってす」と中国全土に布令を出し、國體護持、日本國土の分割統治反対、賠償金破棄、そして中国大陸の在留邦人、軍人軍属四百万人を持てるだけ持たせて無事に送還させた。

この四ツの國家的大恩を弊履《へいり》の如く捨て、共産党の中国と手を結んだ昭和四十七年九月二十九日は道義國家日本の歴史上の汚点の日となった。

〝与えた恩は水に流し、受けた恩は石に刻め〟と石を見る硯を祝いにもらう深い哲理のサムライ國家として「恥を知れ」と上野の東天紅で「中華民国支援」の集会を開き、私が総合司会を担当し、約四百名が國会にデモをやり、その流れで発起人十五名が台湾に飛び、日本國民の誠意と心意氣を示した。

その一人が古神道の山蔭神道《やまかげしんとう》の山蔭基央《やまかげもとひさ》管長で、私を一瞥して「君の後ろがほしい」との一言で義兄弟となった。

我が人生のシナリオは、後の守護神が書いているのか！　かつて天風先生が一瞥して「貴様武道をやれ」との一言で武道の行者となり、霊能者の山蔭先生が「神道は即ち兵道なり」と言い、神道について何も知らない私を花の都パリで人間性回復の神道教授として派遣した。

武にして試合なき合氣道は、神道の武道的表現で、形なき心は体を以って具体化し、体は技を磨いて精神化し、心身の格調を高くして真我を悟る〝心技体〟の百練求真の武道の行から、華道茶道装道に、日本の建築から庭園に下駄や足袋、草履にも伝統文化の深奥を感得した。

「神道の形式にこだわると命がなくなるそのままでゆけ君の後が導いてくれる」との言葉で二度も渡仏した。

人間性回復とは、この世の中の動植物は一つとして同じものなく、それぞれの使命があって、地球という生命体をなしている。

例えば黴菌《ばいきん》とは差別用語だと、最近は細菌と言うようになったが、人また河原の石と人の面、一つとして同じものなしで、人に老若男女に人種の区別あるが、人間としては差別なし。肌の色は違えども血の色に変りなし。言葉は違っても、感情に変りなしの人種民族を越えた人間性の回復である。

かつて「貴様武道をやれ」の一言で合氣道の行者となり、指導者となり、埼玉の朝霞の米軍キャンプで合氣道を指導に当たった時、大東亜戦争の敵討ちと徹底的に痛みつけた。困ったのは通訳の山田哲二郎氏であったがある愉快な若き軍人は「痛い痛い」と言いながら「戦争したのは私達のお爺さん達です」と言ったことで皆で大笑いし、〝ハァ〟と氣がついた。

そう言えば恩師天風先生が、インドヨガのカリアッパ聖者から「戦争だから人を殺してもいいと言うのか、殺されたほうには親もあり妻子もいるそのことを考えたことがあるか！」との言葉から悟られ、人斬り天風が虫も殺さぬ哲人となったことを若きアメリカ軍人の言葉で思い出し、当時ベトナム戦争で被災し、泣きながら裸で路上を歩く幼な児のニュースを見て、私は憐憫の情の涙を流した。

思うに戦争中、名古屋で爆弾で亡くなった母にしがみついて泣く幼な児を見捨てて逃げた私をふと思い出した。傷痍爆弾が降る中とは言えども、すでに十七歳、特攻隊として散った同年の人がいるのにと、忘れ得ぬ恥として心に残った。

人は過去の体験によって今を判断する。爆撃の中逃げまわった体験からアメリカ嫌いの私に「戦争はお爺さん達」との若き兵士の言葉で禊され、ふと笑いと共に暖かい本心良心が表れ、大きな人間になった氣分となり、武にして試合なき陰陽結びの合氣の道の深さを体感した。

神社の中心にある大きな鏡は心を表し〝何事も否定もせず、妥協もせず、全て大肯定する大和心なり〟の神道は心道なりと、ヨーロッパに神道を弘めたのは私が最初なりとは、笛の名手の神官小林美元先生であるが、そんな話から神主でもないのに、昭和五十八年の東京ディズニーランド開設には、名刀虎徹で祓った。

日本刀で祓ったからディズニーランドは大いに繁昌したと人は言い、剣祓いの神官として全國から頼まれるようになった。

「君の後ろが欲しい」との山蔭先生が「神武一道」と言い、初代の天皇を「神武天皇」と申し上げる日本の道は、汲めども尽きぬ清水の如き、中心帰一の日本である。

ヨーロッパでは、オランダのポール氏が斎宮を開いて、人から人間になる人間性回復の神官として神道を弘めている。

先付小切手の大学、大学院卒の私は、人のひと儲けからの耳学で、本も十数冊書き、息子暢榮は高校から伊勢の皇學館で大学、大学院は神道学科で、偽者の私と違い本物の神官で靖國神社にも奉職し、今は合氣道も教える神武一道で剣祓いも継承しての古神道の宮司である。

家の繁栄は嫁の善し悪し、嫁の知子は同じ山蔭神道の行者で、山蔭先生のウラ書きの信用小切手で、

大道説法のラストサムライ

内孫二人もできて嫁明るく千客万来の我が家である。

大道商人から大道説法への八十年の流れを回顧するに、よくぞ生きてきたの事件もあり、全て神のシナリオか！「俺とは誰だ！」今でも判らない。あたかも座布団に座って自分を持ち上げる如し、我が体、我がものにして我がものに非ずの自分を信じ、何かあるのが人生と、クンバハカで肚をすえ、人生は今今今の連続のようにひとつずつ解決してゆく、即ち〝肚をすえ、自分を信じ、ひとつずつ、悠々と、明るくなければ人生じゃない、笑へ〟に尽きる。

［四一］呼吸法と松竹梅

正月、めでたいことに、「合氣道の技に〝松竹梅〟という技があると聞きましたが、どんな技ですか。また〝座技呼吸法〟を何故呼吸と言うのですか」と質問を受けた。

振魂から鎮魂の行で神界の合氣道開祖植芝盛平翁より聴こうと思った瞬間、松は一教、竹は入身、梅は四方投げと閃き、また天孫降臨の神話に豊かに稔った稲穂一枝《いっし》が頭に浮かび、〝米〟という字が閃いた。

神道の禊ぎ行の振魂鎮魂は、振魂によって悪いものを振い落として体をレンズのように磨き、身体を神体となし、真我を悟り、また閃きや神仏と会話し神人和楽の地球一家への行法である。

神主でもある翁先生は「合氣の御技《みわざ》は、神さんに教わったんじゃ」とよく申され、道歌に

天地《あめつち》の　この美しき　み姿は
　主《かみ(す)》のつくりし　一家なりけり

とお詠みになられた。

開祖の朝日、夕日に対し深い敬虔な祈りを捧げられるお姿は、神の化身である。

悪いものを振り下し、新しいものを振り付ける振魂は、踊りの振り付けや、ご飯に〝ふりかけ〟るにもあるように、合氣道の稽古の始めに必ずやる行が、現在は形だけの準備運動になった感がある。

神道の武道的表現という合氣道の技の深い哲学を教える人が少なく、横文字でいう「マニュアル」の手技の形だけという人が多くなったと聞いた時、インドの哲学者タゴールの「哲学なき政治、感性なき知性、労働なき富は、国が亡びる」と言った言葉を思い出し、哲学、感性なき形だけの技は、災いとなると、悪寒を感じた。

翁先生は、受け身の手の形からも一教、入身、四方投げを基本の技とした感性、それにすべてに使命ありて、その働きを霊視して氣の働きを△○□の生産霊《いくむすび》、足産霊《たるむすび》、玉留産霊《たまとめむすび》の霊性を松竹梅と名付けた哲学的思考。

そして生きているとは息していることで、地球を隙間なく包み守り給う空氣の天地の呼吸によって動植物は生かされていることから、合氣道の技の根源を呼吸法と「法」と名付け、宇宙は見えざる実在の神の法《のり》によるものであると説かれる。

さて目に見える松竹梅の技であるが、翁先生の心を心として鎮魂による閃きを書くに、第一教の松とは、年の始めに松竹《まつたけ》たてて祝う正月は三日まで、松の内は七日まで、成人式の十五日までは新年で、二十歳を「はたち」と祝うのは、十五歳の元服式は肉体の大人の節を祝い、手足の指二十本で心の大人、すなわち責任はとるものでなく〝責任を果す〟ものなりから「はたち」と言う深い道の哲学である。

古来、〝栴檀《せんだん》は双葉より芳《かんば》し〟の如く「松は寸《すん》にして棟梁の機あり」と言い、木に公の松は盆栽の王で、鍛えに鍛えられて曲がった幹や枝振りの情趣を鑑賞する。

盆栽作りは五七五、七七の三十一文字《みそひともじ》の深い和歌の道と同じで、五七五は小さく鍛える五と大きく見える七で、なおまた針金等で小さく修行する五は、風雪に鍛えられた雄渾で何事にも動ぜぬ大きな大きな（七七）松に見え、祝いの壇上に飾られ〝嵐の中でも時がたつ〟忍の心が会場を圧する。

明治天皇御製に

嵐吹く　世にも動くな　人ごころ
巌《いわお》に根ざす　松のごとくに

また一輪の花に宇宙の美を、一服のお茶に宇宙の味を悟る〝一期一会〟の出会いの茶室の床の間には、よく「松無古今色（松に古今の色無し）」の茶掛けがあるように、松は第一級である。

正面打ち第一教を松と翁先生は申すように基本技の中の基本である。

翁先生のお付きの旅先の雑談の中で「一教を十年やれば、少しは合氣道の味が判るかなあ」と申されたので、思わず「えエッ」と声を出し強烈に心に残った。

法のつく〝呼吸法〟も一教もその動作の感覚は歩く姿である。古来、日本の芸道の能楽、歌舞伎に日本舞踊も〝歩き十年〟と言う。歩く姿の合氣道の第一教が十年か。相通ずる芸道である。

芸道は頭でなく感性で感得するもので「耳で聞くな、毛穴で聴け」と言うように、師と寝食を共にする内弟子制度によって伝承されることが多い。

たとえば、踊りの場合は日常茶飯事も踊りの仕種《しぐさ》であり、武術の場合は雑布のしぼり方も剣を握ると同じであり、返す刀でもう一人を斬る如く、往復手ぶらでゆくなと叱られる。

ゆえに稽古事の教育は〝霧の中を歩くが如し〟と表現する。すなわち歩いている途中、雨降れば誰もが雨宿りして休み、雨が上がると霧の中を歩いてゆくが、ふと氣がつくと着物はしっとりと濡れている。

人は環境の動物で、師と共にいると知らず知らずの間にその道を体得している。まさに霧の中を歩くが如しである。

いささか、第一教が長くなったが、呼吸法と共に、すべての道に通ずる歩き十年、武道での青眼の構えの体勢で歩くことを強調したい。

次の入身の「竹」である。

合氣道での体捌《たいさばき》は「入身」と「入身転換」のみで、入身とは歩くことで、入身転換とは一歩または、氣を前に入りながら転換することを裏、入身で相手を押さえるを表と言う。

竹に節ありて強し、真っ直ぐに伸びる。出るか出て曲がるかの、入身、入身転換の直なる氣を竹とし、〝逆境こそ我が師なり、負けてたまるか〟の節に生きる武士。

倒されし　竹は自力で　起きれども
倒せし雪は　跡かたもなし

常に絶対積極に動く秒針は入身の心、竹の氣である。

四方投げの「梅」は、寒い寒い大寒と言えども、雪を被った梅の枝に梅の蕾が孕み、東北の雪室の「かまくら」の暖かさが漂い、そこはかとなく春の足音がきこえ、鶯が冬を祓いながら、枝から枝へと春を知らせる。

〝桜切る馬鹿、梅切らぬ馬鹿〟の如く、松の枝振りに負けない梅の枝に、葉よりも先に花が咲く梅は、寒明けの立春の正月の盆栽として床の間に飾られる。

夢と希望に膨らむ立春の正月元旦に、悠久の日本歴史の流れに紀元の節を定められし感性の神武天皇、その即位式に天地の四方を拝されしを、四方拝として伝えられている。

その四方拝に因んでの四方投げか、翁先生の感性は、夢と希望に膨らむ春の花の梅を四方投げと申され、蕾が膨らんで花開くように、根性の肚より萌える如き氣が、徐々に体全体に充満して蕾が花と咲くように掌を開く四方投げ。花が咲くを、花が笑ふと読む日本人の感性の大和言霊から、三十年前フランスで神道教授として教鞭をとっていた時、笑いは万国共通の祓いの言霊と閃き、武術でも笑顔こそ真の強さであり神の扉を開く鍵なりと悟り、

「明るくなければ合氣じゃない、笑え！」と授業の最後は笑いで締めた。

笑顔は人生の蕾にして
笑いは花なり　（乾舟）

さて八十八と書く「米」は、神の心が〝こめ〟られている言霊で、八方に光り輝く表意文字であり、中心帰一の日本人の主食は米であり、大和心は三種の神器の一つの八咫《やた》の鏡で何事も否定もせず、妥協もせず、すべて大肯定する明鏡止水の心である。

八咫とは大きい意味で、もとは八角形でその角を祓って菊のご紋と同じ十六方から争いのない和の心、円満な丸い鏡として、神社の中心に置き、日本人の心を示した。

日本の思想は恥と誇りに生きる武士道で、初代の天皇を神武と申し上げるように、神武一道で日本武道館は八咫の鏡の八角形で、その哲学は八段が最高段で九段は亡くなった人に対する段で、國の為に命を捧げた英霊を祀る靖国神社が九段にあるのも武道哲学である。

そして神主を〝禰宜《ねぎ》〟と申すのは、神と人をねぎらい橋わたす橋の欄干の擬宝珠《ぎぼし》の宝珠が武道館の屋根の上にあり九段の位である。

北は神の座で九にゝで丸となり日本武道館は北の丸にある。

すべてに裏表あり、裏をお蔭様と言うように、皇室の陰をお守り申し上げる二千年の歴史の古神道山蔭神道の神主でもある八十翁の閃きの解説、神よ照覧あれ。

[四二] 試合・死合・仕合

武術には本来試合はない。生か死かの殺し合いの死合である。

食わざれば死に至るゆえに食う為の弱肉強食の世界である。

それが大自然の掟である。今生存しているのは生存競争に勝ったものばかりであり、皆それぞれの特技を持っている。

キリンは首が長い、象は体が大きく鼻が長い、蛇は長く、兎は後足強く山に登り、鼬《いたち》は「最後っぺ」と臭い屁の飛び道具で生きのびてきた。百獣の王ライオンも寒い北極では生きられない、あの巨大な恐竜も滅亡した。

その中で人間ほど弱いものはない。裸であり、牙もない、嗅覚も犬にはかなわない。

人間の最高の特長は〝脳とその出張所の手〟にある。あの強いライオンを生け捕りにして檻に入れ、最後は「ライオン歯磨」にする。

自然の掟は弱いものは死に、強く優秀なものだけを生かす優生保護が自然である。

人間の歴史も殺し合いの歴史である。しかるに大自然は、同じ動物同志の仲間との殺し合いはない。

人間だけが、人間同志の殺し合いの戦争々々の歴史である。

第二次大戦中、アフリカの人喰人種が「文明々々と何が文明だ。食いもしない人を殺すとはまことに野蛮である」と。

思えば人を評価するに三つある。

（一）なくてならぬ人
（二）いてもいなくともよい人
（三）いない方がいい人

いない方がいい人を食するとすれば、実に合理的とは私の思いである。

利点と欠点は相等し、人間の利点は、智恵あるがゆえに文明文化を創造し、三度三度の食事も動植物を殺して戴く故に報恩感謝の中の恩は原因に心の字である。しかるに宇宙時代の現代と言えども最も近い人としか生きられないのに、親子、夫婦の争いや殺人に、食いもしない人殺しの戦争が絶えないのは智恵があるからである。

その智恵を知恵で戦争を分析するに

（一）殺して勝つ
（二）傷をつけて勝つ
（三）生け捕りにして勝つ

(四) 騙し打ちにして勝つ

そして(五)は争わずに勝つ。

合氣道開祖は、幾多の武術の修行と、自然を神と称える神ながらの道、神道の行道から、宇宙の根元は「氣」にして氣の陰陽の調和の結びによって、動植物の生命が生ずると説いた。

しかも春、爛漫と咲く櫻も他の花との交配もない神秘、鳥や獣も交尾の争いはあっても、お互いの殺し合いはない。

日本の神話『古事記』の初めの造化三神の神から始まり、顕現の二柱までの五柱の神を別天神《ことあまつかみ》にして次に国之常立神《くにのとこたちのかみ》から、日本人の先祖の伊邪那岐神《いざなぎのかみ》、妹伊邪那美神《いもいざなみのかみ》までが、百五十億年という氣の遠くなる長い年月を、神代七代《かみよななよ》という。

その伊邪那岐、伊邪那美の神が「なりなりて成り余れる」ところを「なりなりて成り合わない」ところに、「差し塞ぎて、国産みなさん」との『古事記』を、開祖はよく話された。一時間のうち五十分も話であることが多く、カバン持ちとして同行しても神話の話が多く当時はさっぱり理解出来なかった。

開祖は、夫婦のごとく、お互いが違うものを出し合い、仕え合わせの〝仕合〟こそ日本の武の道でなければならないと達観され、「争そって争そわざる、浄めの受けと投げとの結びの合氣道」を創始された。

そして天照大御神と弟の須佐之男命との誓《うけひ》により天照大御神の珠飾りをもらい、天《あま》の真名井《まない》ですすぎ、噛み砕いてぷーっと氣吹《いぶき》の霧のように吐き出した時、成りませる正勝《まさかつ》吾勝《あがつ》勝速日《かつはやび》天之《あめの》忍穂《おしほ》耳命《みみのみこと》を閃かれ、正に勝ち吾れに勝ち素速く勝つ合氣との啓示と息吹から、合氣道はすべて呼吸法じゃと常々申された。

そして合氣道の精神を文に示され、合氣道を学ぶこの道標は、人類和合の顕幽一如の真諦の神の文である。人は皆、飲んで食って垂れて、寝て起きて、息しているだけで生きている。この毎日、自分でやらねばならぬ避けて通れぬ神の理の〝神理〟は、飲んで食って垂れてと簡単であるが、その真理は深い。

魚は水中にありて　水を知らず
人は妙法の中にありて　妙法を知らず

動植物の生命維持機構の妙法は、神の叡智にして驚嘆の一語である。
例えば、生きているとは息していることで、息とは地球を隙間なく包み守る空氣で、動植物を生かし給う。しかも目に見えず昼も夜も無意識で呼吸している。まさに万有愛護の天地の心で、息とは自(然)の心と書く。

空氣は生か死かの別れ目の一番大事であるが〝只〟で無意識の呼吸の大愛に氣づかない。
しかも両手を合わせて擦ると熱くなるように、空氣が二つの鼻の穴より入り、額の奥で結ばれ、新しいエネルギーの〝息〟が生まれ人も動物も生かされている。

相反する相対の夫婦の結びで生まれる息子、息女と同じ字である。まさに宇宙法則の武道的表現の合氣道の根元は「氣」にして、具体的な技の基本中の基本の「呼吸法」にのみ法とし、「すべての技も呼吸法じゃあ」と言う。その奥義を悟るまでは開祖との呼吸が合わなかった。

激動の日本の二十世紀に現れた武人植芝盛平翁、そしてヨガの行で悟りを開いた哲人、中村天風先生を師と仰ぎ、二人の師のカバン持ちまでしてその謦咳に接したが、天風先生もまた「呼吸法」を最も大切な行法とし

「神韻《しんいん》縹渺《ひょうびょう》たるこの大宇宙の精氣の中には、吾等人間の生命エネルギーを力づける、活力なるものが隈《くま》なく遍満《へんまん》存在している。今、私はプラナヤマ法と称する特殊なる密法を行ない、この活力を五臓六腑は勿論、四肢の末端に至るまで、深甚なる感謝をもって、思う存分吸収しよう」と唱え、感謝して意識的にいただく呼吸法で多くの人々の病が治った。

息はまた自（分）の心とも読み、心は空氣と同じで見えず、体全体を包み守り、無意識で何かを考えているが、どこでも触られた瞬間、右と左の脳が額で結ばれて意識する。すなわち額とは心眼にして、空氣が〝息〟に、心は〝精神〟となる。我が語録に〝心眼〟と書き「心眼は額にありて、人と人、国と国との争いも、すべて感情のもつれから始まる」と。

その感情を制御する方法が、武道では褌をしめろ、ヨガではクンバハカであり、また「生唾を飲むと落ちつく」とは子供時代教わったが、すべて笑っている感覚の姿である。〝つば〟は守りで、刀の鍔、切り傷も嘗めると唾で殺菌され早く治る。手に唾をつけると滑り止めになり仕事がしやすい。食べ物

をよく噛むと唾液が消化液となり栄養よりすばらしい滋養となる。

「生唾を飲む」この簡単な落ちつく方法の神の理は、個人も国家も運命を拓く鍵であり、神理は真理また唾をつけて自分のものとすると言えば、生唾を飲んで頷く人多し。

人のみが進化と向上の心が賦与され進歩発達の歴史を綴り、毎日の食事も、殺していただく動植物の命に感謝の祈りを捧げていただくが、人が人を殺すは自然の掟ではなく、食いもしない大量の殺人の戦争は神理ではない。

この膨大な軍事予算を、『古事記』に書かれているように、何百億年もかけて神が創造された神秘の一言に尽きる動植物の生命が生き息づく、この地球を殺し合いの「死合」でなく、違うものとの結び合いの「仕合」で、動植物との共存共栄、親なる神との神人和楽の地球一家創造が、人間の使命であり神の理である。

「覆水盆に返らず」、過去と他人はかえられない、しかし学ぶことによって自己がかわり、志が生じ、未来がかわる。

世界平和の原点が家庭の平安であり、人は死すべき運命にあり、しかも毎日自分でやらねばならぬ神の理の生活。そして今生きつつある一瞬々々が覆水盆に返らずの今、今ここに生きている。

されば、何かあったら生唾を飲んで、落ちつき額に意識を集中し、目を細めて笑顔になれば、運命が拓く神理を強く申し上げる。

合氣道の精神

合氣とは愛なり。天地の心を以って我が心とし、万有愛護の大精神を以って自己の使命を完遂することこそ武の道であらねばならぬ。 合氣とは自己に打ち克ち敵をして戦う心無からしむ、否、敵そのものを無くする絶対的自己完成の道なり、而して武技は天の理法を体に移し霊肉一体の至上境に至るの業であり、道程である。

[四三] 八咫《やた》の鏡と日本武道館

神代の昔より、日本は万世一系の天皇、皇后を父母とした家族国家、家で、人々が集った人民共和国や合衆国ではない。

その万世一系の皇位継承の「しるし」として〝知仁勇〟を表現する鏡と勾玉、そして剣の三種の神器を、皇祖天照大御神が、皇孫瓊瓊《ニニ》杵《ギ》尊《ノミコト》にお授けなされ、その中の八咫の鏡に対しては「この鏡は我れを見るごとくすべし」と申されて、高天原から豊葦原中国に、稲穂を持って降臨なされたのが天孫降臨の神話である。

以来、日本の全国の神社の拝殿に大きな鏡が置かれてあり、二宮尊徳の歌に、

「父母もその父母も我が身なり、我れを敬せよ、我れを愛せよ」

とあるように、鏡に映る我れは、父母や祖父母に似ているように、我れとは永遠の祖先が生きづいている我れであることから、鏡は〝か我み〟であり「我れは神なり」と、朝夕御鏡御拝の儀が、皇室に継承されている。

日本人の挨拶のひとつに「お元氣ですか」に対し「ハイ、お陰様で」という言葉の深さは、ご先祖様のお陰や国家や国民の人々の陰の「ウラ」の力から「ウラ表」で「表ウラ」とは言わない。

鏡のウラは銀鍍金《めっき》によって映る、ウラがなければ単なるガラスである。

銀の字は金に艮《うしとら》と書き、草木も眠る丑三つ時の表鬼門の丑寅《うしとら》の所の艮金神様である。

東京の銀座が皇居の表鬼門で裏鬼門は忍者の服部半蔵を置いて守った半蔵門である。

表鬼門のキモンから着物の問屋が多く、また神に供えるお米を作る神田が、少々ウラ道に逸れたが、日本はすべてに生命ありと、物の生命に姓名をつける文化国家である。

さて宇宙はビック・バンの無から生まれたように、無の鏡に映る我れは、無から有を生じ、有って無い「有無」から「生む、生み」の生命は体重が有っても感じない「空だ」。胃も腸も有っても「無い臓」と言うが如し、無から十月十日を経て生まれた時は一貫め、母の貝から生まれたと書き、裸一貫で大人になると十六貫で米一俵の重さ、そして一を貫いて、第一巻（貫）の終わりで、一貫めのお骨になって土に帰って無になる。

無から有の一、そして一に返って無になる。故に「か我み」の我の無我の行が稽古事で「か我み」の我が無となると、「かみ」となる。

宇宙構図の菊のご紋は「中心をたて、分を明らかにして中心に結ぶ」。その中心は縦の時間と横の空間が交差する「間」である。

仏教の三法印の縦の諸行無常、横の諸法無我の交りが涅槃《ねはん》寂静の悟りの境地である。

キリスト教の「アーメン」の手法も三法印でヘブライ語で〝まことに〟の意である。

万世一系の代々の現天皇を「今上」と申し上げるのは天照大御神であるからである。

永遠の過去から未来に流れる「今」は常に過去と未来の真中で、それを「中今」と言い、中心の今の上に立たれるから「今上」である。

日本の根幹の万世一系の神木に弥栄える榊に魂を込めて捧げる玉串の「串」は、バラバラの横の心を、日本即サムライの精神で貫く字が串か、菊のご紋は縦横の線を基本にした十六方は宇宙の数霊か、米一俵も大人の体重も十六貫であり、ちなみに睾丸は二つで百六十匁《もんめ》で一斤と言い、父に斤と書いて斧である。

修行中教わった鏡の歌に、

「鏡に映る我が姿、俺が笑えば彼奴《あいつ》も笑う、俺が怒ればアイツも怒る、ホンにこの世は乙なもの、泣くも笑ふも我れ次第」

鏡に映る我れは、我れに非ずまた我れである、映している我れと鏡の中の我れとは同じ我れである。とすると、目の前にいる相手を鏡の中の我れと思えば、相手は我れである。

自分が笑へば、鏡の中の自分が笑うように、目の前にいる相手の顔は自分の顔、自分の顔は相手の顔である、なぜならば生涯本当の自分の顔は見えないように出来ている。

無人島で化粧する人はいない如く、然も人は現実只今の目の前の人達と生活している。

　争うも生きるも共に　近き人
　心一つで　道となりけり　（乾舟）

世界平和の原点はお互いが幸せになる為の結婚にあり、故に生きるとは家族や目の前の相手の幸せの為に生きることで、人の為とは偽の字となる。

この世に生れるは自分の意志でなく、男女の別も貧富の差も親を選ぶことも出来ず、命とは神仏の命令の命が、また使命の命であると覚えるべきである。

それが人から人間になる行であり、また人生に変わらぬことが三つあり、一つは生あるものは必ず死す運命にあり、二つ目は毎日自分でやらねばならぬ避けて通れぬ、飲んで食って垂れて、寝て起きて息を吸うこと、そして三つ目は人生は一回限りである。

人は輪廻転生と言うが、理屈はどうあろうと、鏡に映る我れは、この世であり今日であり今、今の我れであり光がないと映らず、自分が笑うと鏡の自分が笑う、人生は一瞬一瞬であり「明るくなければ人生じゃない〝笑へ〟」と、閃いた。

〝覆水盆に返らず〟自己の過去や人を変えることは出来ない。しかし自分が笑うと相手が笑う鏡の思想は、学ぶことによって相手も変わり自己自身の運命が変わる。

即ち一瞬に映り一瞬に消える鏡の思想は、何事も自己を磨く砥石と、一瞬にプラス思考に転換することが、姿勢と間合を極意とする一瞬に命に賭ける武士道精神である。

また「何事も否定もせず妥協もせず、すべてを大肯定する明鏡の心が大和心である」

表意文字の漢字は哲学、東西南北の四角の中に大の字で寝ると因、心を書くと恩か、八咫《やた》の鏡は四角の端を欠いて八角形か、その倍が十六で菊のご紋、人も恥を掻いて丸くなるように鏡は丸くなった。

八咫の鏡からか日本武道館は八角形で屋根の上の〝宝珠〟は玉葱の形、神主を禰宜と言い神人をねぎらふ、橋の欄干に宝珠あり、焼鳥の串にも、焼鳥、ネギ、焼鳥とある、ネギを食わないと胃がもたれる。

神と人、夫婦も互いに支え合いもたれあう。

武道の段級は丸の無級から宝珠の九級八七そして一級と八角を回り、一級と同じ所が一段でなく初段は初心になり、日常の生活の道の深さを学ぶ段は人生の有段者で、八段は最高段で、亡くなると九段位を授与される。

国の為に命を捧げた英霊を祀る靖国神社が九段にあるのは数霊の哲学である。

北は神の座、人の後は北の背骨で骨髄、心髄が内在しお陰様の霊台《れいだい》がある。

最高の霊数九にゝで丸となる。

北の丸の九段に靖国と日本武道館がある哲学を知れ！

インドの詩人タゴールは、哲学なき政治、感性なき知性、労働なき富は国亡ぶと――。

［四四］白と黒

二〇〇八年十一月四日、アメリカ大統領官邸、ホワイト・ハウスがブラックに交代した。

アメリカの歴史の流れを思い、この劇的かつ強烈な刺激から感動の一日であった。

マルコ・ポーロの旅行記、『東方見聞録』は日本を黄金の国ジパングとヨーロッパに紹介。

イタリアの探検家コロンブスが黄金の国日本を目指した途中、アメリカ大陸を発見したが、インドと間違い、その先住民をインド人（インディアン）と、スペイン女王に報告した。

その命を賭けての航海の探検を、実は簡単だと陰で批判する人々に対し、何事も最初の人の苦労は大変なものであると、卵の先をポンと潰して立てて見せたことから、〝コロンブスの卵〟のたとえとして残った。

人呼んでアメリカの国（一四《ひとよん》でアメリカの九二《くに》）が発見されて以来、白人とインディアン、アパッチ部族との戦いの西部劇で知る如く、約二百年の開拓の苦闘を経て、一七七六年七月四日、イギリスから独立宣言をした。

そして十六代大統領リンカーンが一八六三年「奴隷解放宣言」をしたように、「白人に非ずんば人に非ず」の有色人種は家畜と同様売り買いされていた。

リンカーン時代の日本は、明治維新前夜の孝明天皇の御代である。

アメリカ独立以来二百三十二年と四ヵ月、奴隷であった黒人が、アメリカの四十四代大統領となったのである。

一瞬、苦渋にあえぐ霊界の黒人霊団の逆襲かと、脳裏を走った。

思いを転じて日本を大観するに、白人に非ずんば人に非ずの時代、有り難きかな日本は遠い遠い極東の地にありて海に囲まれ他国の侵略もなく、神代の昔より万世一系の天皇を中心に、伝統文化、言語を一つとした大和民族日本である。

その日本の鎌倉時代、蒙古にチンギス・ハンが出てモンゴル帝国を建設、国号を元とあらため、孫のフビライが即位した頃はアジア、ヨーロッパにまたがる大帝国となり、朝鮮の高麗を屈服させ、日本を属国にせんと五回にわたって使者を送ってきた。

時の執権北条時宗は弱冠十八歳なれど〝胆斗《たんと》の如し〟（胆が一斗枡あるほど大胆な人物）で、鎌倉男児ここにありと、国論を統一し、文永、弘安の二度にわたって戦い、世界最強の元の侵略を撥ね退けた。

一度ならず二度にわたる国難に対し、日本は神国か、文永と弘安の役に吹いた神風はまさに天祐か、天の時、地の利にまさる、愛国心による人の和に天は祐《たす》け給うた。

竹は節ありて強く、人は節によって伸びる。

二度の国難の節により、文武両道の日本は、清濁併せ呑んで清を出す大海のごとき思想となり、中国の古典や、仏教、禅宗を咀嚼して、自家薬籠の清となした武家文化時代。

その間の建武の中興に南北朝、そして応仁の乱からの戦国の世に、天下分け目の関ヶ原の戦をもって江戸幕府が成立した。

江戸時代約三百年の太平の長きは他の国に類例がなく、鎖国も手伝って、茶道、華道、武士道、そして絵画、彫刻の芸術が華と咲き、日本の道の文化が深遠な精神文化にまで昇華され、中でも死生観に生きる恥の文化武士道が日本の主体性（アイデンティティ）となって道義国家日本を建設した。

日本は世界の文化の終着駅か、日本で華と咲けば世界に通ずる、仏教や禅宗は華と咲いたがキリスト教はいまだ伸びず、科学文明は発展した。

江戸文化は鎖国によって、内面の深さの探求から、侘び寂の閑寂の精神文化により、神仏の啓示を受ける宗教家を輩出した。

物質においても内面から光り輝く日本刀の芸術品を始め、豪華絢爛なる安土・桃山文化を謳歌した。

そして士農工商の身分制度も元禄の太平の世には武士も奢侈《しゃし》（必要以上の贅沢）に流れ、武家文化は町人文化となった。

一方、白人に非ずんば人に非ずのヨーロッパ諸国は、徳川時代の初期から東南アジアの国々を草刈的に植民地化していった。

そして安穏な日本の海も外国船が出没、特に嘉永六年（一八五三）四隻の黒船が太平の夢を破り、平和の中でも文武の修行をしていた下級武士たちが、国家の危機を肌で感じ、ふつふつとした憂国の情がほとばしり、幕末動乱を経て明治維新を成し遂げた。

「中心をたて、分を明らかにして、中心に結ぶ」菊のご紋は、小は原子から大は宇宙まで中心があって安定する宇宙構図である。

無私、無心の天皇を中心とする中心帰一の日本の政体の王政復古による明治維新となった。世に春秋伝とあるように、春の前に厳しい冬があって、温かい春の光が育む。秋の前には厳しい熱い々灼熱の太陽の夏に鍛えられて、癒しの光となって稔りの秋の陽光となる。冬と夏のウラあっての〝春秋〟である。

日本国民一致団結して、植民地を撥ね退けるため、富国強兵策をとって二十七年後には日清戦争に勝利し、遼東半島と台湾・澎湖諸島を譲り受けたが、ロシアが満州に南下しようとの野心から、ドイツ、フランスの二国を誘って、遼東半島を清国に還すようにとの三国干渉をしてきた。

国力もなく有色人種なるが故に、涙を飲んでそれに応じた。これを臥薪嘗胆として世に広まった。

そして十年後の明治三十七、八年、戦役の日露戦争は百二十パーセント負ける戦いであったが「座して植民地になるよりは、一矢報いて死中に活を見出す！」と戦略戦術を見事に駆使して大勝利となった。

時のアメリカ大統領は、日本は何故勝ったかを、レッシング卿を派遣して調べたが解明出来ず、新渡戸稲造の『武士道』を読んで万世一系の天皇に忠誠を尽くすことが大国ロシアに勝たしめたと報告した。

大統領は考えに考えて「星条旗」に忠誠を尽くすアメリカ大国に創り上げた。

白人に勝ったことから、あの手、この手で有色人種の日本イジメをして、日中戦争から大東亜戦争となった。

大東亜戦争後、続々と真相が表われ、支那事変をしかけたのが中国共産党であったとか。蒋介石総統は日本との和平を望んでも、後でアメリカの圧力で止められず、ついに大東亜戦争まで発展した。

戦後マッカーサー元帥は「日本は自衛のための戦争であった」といい、東京裁判のウェッブ裁判長は「東京裁判は誤りであった」と帰国後反省したという。

キーナン首席検事は「東京裁判は、いくつかの重大な誤判を含むのみならず、全体として復讐の感情に駆られた、公正でない裁判だった」と告白している。

フランス大統領ドゴールは、「シンガポールの陥落は、白人の植民地主義の終焉である」。

タイのプラモード元首相は「日本のお陰でアジア諸国は全て独立した。日本というお母さんは難産で母体を損ねたが、生まれた子供達はすくすくと育っている。今日東南アジアの諸国民が、米、英と対等に話ができるのは、一体誰のお陰であるのか、それは身を殺して仁をなした日本というお母さんがあったためである。十二月八日（真珠湾攻撃の日）は、我々にこの重大な思想を示してくれたお母さんが、一身を賭して重大な決心をされた日である。〝我々はこの日を忘れてはならない！〟」と。

またインドのパール博士は「大東亜戦争は日本は無罪である。日本の子弟が、歪められた罪悪感を背負って卑屈、頽廃に流されてゆくのを、私は平然と見過ごすわけにはゆかない」と、戦後、史実によって世界の識者が日本無罪論から日本の正当性を諭している。

タイのククリット・プラモード氏は「アジアの諸国は皆独立した。それは日本のお陰である」と言うように、日清、日露から大東亜戦争まで戦い、負けたと言えども世界の植民地を解放した誇り高き日本である。

その流れから、オバマ米国初の黒人大統領が誕生したのである。

[四五] 菊のご紋は語る

我が輩の如き武骨者が、衆議院第一議員会館での講演を依頼された。世界的有名な歯科医の寺川國秀先生が紹介者で「國会議員に〝喝〟を」との事。講演の予定日が二月十九日。

それを聞いた瞬間、終戦翌年（昭和二十一年）の二月十九日は、昭和天皇が全國巡幸をされた最初の日。しかも今年は平成二十一年。「敗戦とは遺恨が残るではないか、同じ人間同士が殺し合う戦争は二度とやってはならない。終戦と書け！」との天皇のお言葉から、涙と共に「終戦詔書」を起草された迫水久常書記官長（今の官房長官）の話を、私は何度も涙して聞いたことを思い出し、議員会館での講演を承諾した。

永遠の過去から未来に流れる今、今は、過去と未来の真ん中の「中今」にして、万世一系の天皇は、その「今」の上の〝高御座《たかみくら》〟にあるので、代々の天皇を「今上陛下」と申し上げる。

菊のご紋は、小は原子から大は宇宙までの宇宙構図で、中心の心は無私、無心、大愛の母ごころである。

終戦一ヵ月後の九月二十七日、マッカーサーは、昭和天皇が会いに来たのは「命乞い」と思っていたが、命を捨てて國民を思う無私の陛下に「神を見た！」と後日語った。

戦争中は、赤紙一枚で出征兵士として戦争に駆り立てられた父や兄、夫が戦死し、傷つき、家族は爆撃によって家を焼かれ、瓦礫の中に茫然と立ち尽くした。

その町の中に陛下は「一人でも多くの國民に会って慰め、激励し、日本の再建に努力してもらおう」との強い強いご意志で、五～六人の無腰の側近のみを伴い、國民の中に敢然と飛び込まれた。

終戦からわずか六ヵ月後のことである。


興亡の世界史では、敗戦の王はギロチンか、弄り殺しか、または逃亡であることを知るドイツの記者が、「もしかしたら」との思いから、その決定的な瞬間をとカメラを構えて、ご巡幸について廻ったという。

しかし、日本國民は危害を加えるどころか、日の丸の旗を振り、中には土下座までして涙を流して陛下をお迎えし、復興を誓った。

こんな美しい姿の國が、こんな美しい國民が世界中にあるだろうかと、ドイツ人記者は感嘆の限りを尽くして世界に報道したという。

陛下は足掛け九年間、全國を巡幸なされ、日本の戦後復興の親であられた。まさに君民一体の家族國家日本の躍如たる姿である。

それ故に二月十九日の講演は、ご巡幸の日に因んで演題を「菊のご紋は語る」にしたが、右翼的だからと急遽「運命を拓く」に変え、解説の講演資料を左の通り書いた。

「〃人生は出会い〃なり。哲人中村天風先生に出会い『武道をやれ！』の一言で合氣道を行じつつ、天風先生のカバン持ちまでして天風道を学び、人の心にある潜在勢力が発揮され、運命を拓いた。沈思黙考するに、私と日本、私と親との関係は、如何ともし難き一大事因縁である。

また人は、現在只今の今、今、今、の連続に生き、この一大因縁と、今を道義化し精神化して生きることが武士道哲学である。

申すまでもなく最大と最小は相等しく『天即点、宇宙即吾、吾即宇宙』で『中心をたて、分を明らかにして中心に結ぶ中心帰一』の菊のご紋の構図は、小は原子から大は宇宙の太陽系も太陽を中心に九ツの惑星が一糸乱れぬ統制と運行を続け、調和と平和が保たれている。

この中心帰一の宇宙法則の、神道の武道的表現の武にして試合なき陰陽結びの合氣道を行ずることにより、國家に会社、一家に自己自身の中心を知り、その深さを行ずることが健康と家庭の平安、國家の安寧、そして世界平和への道である」と書いて知人にも流したら、アルプス歯科の武田英司院長の力で、定員オーバーとなった。

講演の概要は次の通りである。

「日清、日露に大東亜戦争を生きぬいてきた偉大なる政治家に軍人、そして企業家たちは、世界に〃日本即サムライ〃と高く評価される國を創った。

この強く誇り高き日本を終戦の年の十二月、ＧＨＱの日本弱体化のための神道指令、教育勅語の廃止、武道の禁止等によって國体が蝕まれ、六十四年後の今は、汚らわしい政官財の姿となった。しかし日本の根幹は、教育勅語の『…徳ヲ樹ツル』の徳を根とし『…克ク忠に、克ク孝ニ…』の忠孝仁義の実践による、徳の道義国家である。」

続いて昭和五十二年にフランス政府の招聘により神道教授として赴いた時の講義内容も議員を前にして語った。（フランスでの、人から人間になる人間性回復の講義は〝菊のご紋〟の図が一番判りやすく、よく似た身近な物としてミカンを用いた。）

「ミカンを地球となして輪切りにすると、菊のご紋に見えるように、地球の表面の物は一つとして同じ物がないが、全て万有引力によって中心に結ばれている。

地球の中心が〝間〟であり、人体は〝臍〟、國體の中心は無私無心の〝天皇〟で、天皇には氏がなく名前だけである。

分である國民には氏名があり、氏名は使命で、色々な職業を分け持って國體が維持されている。

箱根山　籠に乗る人　担ぐ人

して又草鞋　作る人々

人体も頭に手足に内臓にと、分の使命を明らかにして中心の臍に結ぶから命にして、体の重さが感じない「空だ（体）となる」と講演した。

またフランスから帰国後の話として、名古屋の教育会館での宗教講演会で、私は神道担当で講演した中で「男女平等は反対」と話したら、日教組の多い聴衆から、着物姿の私に「右翼！」とヤジが飛んだので、「飛行機は右翼と左翼で飛ぶんだ」と言へば笑って納得。そして「真ん中の胴体は〝仲ヨク〟と言えば大笑いとなった。また、「飛行機の胴体も、國の國體も仲良くしないと墜落する」と言えば日教組の人々から大いに受けた。

その他日本弱体化の政策で、少年院が国立なのに学習院が私立になったことなども大いに語った。

結局、議員会館での講演は「菊のご紋は語る」の内容になった。

国会議員への本のサインには、『孟子』の「修天爵而人爵従之」（天爵を修め、而して人爵之に従う）と書いた。

これは、「人は地位を得て尊きに非す。地位人を得て尊し」という意味である。

各大臣に誰がなったかによって國の善し悪しが決まる。

［四六］論語から中朝事実

日本は神代の昔から、万世一系の天皇を元首として戴く世界に比類なき国家である。かの有名なアインシュタインは、大正十一年に「日本天皇は世界の盟主」とのメッセージを遺したが、さて今の日本人は「日本とは？」に対しどう答えるか、盲者が巨象を撫で解答するが如しの人多し。

かく言う私は、若かりし頃、明治天皇に対し、元田永孚《もとだながさね》がご進講申し上げた『経筵進講録《きょうえんしんこうろく》』を拝読、文語体なるが故に心に残りやすく日本とは、に対するいろいろなお教えがあり、その中に論語のご進講がある。

さて『論語』は、中国春秋時代の思想家・孔子とその弟子達の言行録で、日本には三世紀に伝わり、第十五代応神天皇（二七〇～三一〇）に伝授の書となった。

そしてこの書は、あくまでも日本の皇道を解き明かす書であると申し上げている。

当時は、上代文字による史伝はあったが、文字らしい文字はなく、語り部による物がものを言う物語による伝誦のみで、論語以前は書籍と名付ける書はなかった。

皇位継承の「三種の神器」の八咫鏡《やたのかがみ》、草薙《くさなぎ》の剣、八尺瓊曲玉《やさかにのまがたま》も神やどる深遠な神器としての物語の物で言あげせぬ時代であり、人それぞれに感じて伝誦した。

然るに世を重ね、人は知巧におもねり易く、天祖伝統の至徳の大道の以心伝心の妙も少しずつ失ってゆく。

稗田阿礼《ひだのあれ》の様な記憶力に優れた人々による口伝はあれども、この道を講明して拡充するには書伝講説によるべきであるが日本には文字はなかった。

然るに幸いにも、古代朝鮮半島の百済《くだら》より王仁《わに》博士が来たり『論語』十巻、『千字文』一巻の献上があった。

そして論語の説くところは皇道と同じであり、天皇は太子稚郎子《わかのいらつこ》を王仁の弟子として入れさせ給い日本の文字創りの機となった。

以来、論語の書は天下に播布《はんぷ》し、民は仁義忠孝を重んじ、益々光明発達して、多才な人材が輩出した。

日本は古来から神の道の国で外国の宗教は主食のご飯に対する御数《おかず》であるという考えである。

道とは天地人倫の大道にして、我が国の皇道、神道はこの道理に神妙なるを言い、儒教はこの理を講明する道とした。

それ故に孔子はこの道の先覚者として、中国にも日本にも、孔子廟が数多くある。

論語開巻は「学びて時に之を習ふ　亦説《よろこ》ばしからずや」で、論語二十編は全てこの言葉につきると言う。

また法律学や経済学等、西洋の科学を学び、識見を博するも、孔子の学びを後にすると根本が立たず、道徳を損じ、人倫に反し、身修《おさ》まらず、家斉《ととの》はずして国は治まらないと言う。

故に何事も、学びて時に之を習ふ、また説ばしからずや！である。そこから帝王学の「学習院」の名があるのか？

さて孔子の政治倫理思想を継承発展させた儒教は、個々人々の道徳的修養と徳治主義的政治を尊び、春秋時代の孔子により、戦国時代の孟子、荀子を経て漢代に至って「仁」を根本とする思想となった。

そして国教としての儒教が、中国民族の伝統的精神文化の一大支柱となった。

また中国南宋の儒学者朱熹《しゅき》（一一三〇～一二〇〇）が「朱子学」を大成した。

かく言う私は、少年時代父より口伝で詩吟を習った。その中の「偶成」朱熹作

「少年老い易く　学成り難し　一寸の光陰軽んずべからず、未だ覚めず池塘《ちとう》春草《しゅんそう》の夢　階前の梧葉《ごよう》已《すで》に秋声」

と知らず知らずの間に朱熹の名は頭に残った。

お陰で、今でも行く先々で詩を吟じて置いてくることあり、我が家は学習院であった。

その朱子学が、日本に伝わったのは鎌倉時代で、林羅山、木下順庵、室鳩巣、新井白石、山崎闇斉、貝原益軒らがその学流である。

この朱子学の儒学者、林羅山に教えを乞うた山鹿素行（一六二二～一六八五）は、江戸前期の儒学者であり、兵学者でもあり、始めて武士道を体系づけた人物で、しかも経世済民（経済）の道と皇室中心主義を説いた大学者である。

山鹿素行の武教的儒学は、諸大名に支持されたが、応神天皇以来、中国古典によって日本は影響を

受け、論語もさることながら孔子の弟子・曽子（前五〇五〜四三五）の『大学』は、各藩や寺子屋で聖賢の道として素読されていたので、山鹿素行は中国ほど優れた国はないと信じていた。

しかし中国の歴史を見ると、革命に次ぐ革命で孔子の説く王道政治は行なわれていない。

一方日本は既に、万世一系の無私無心の天皇国家として中国が理想とする立派な政治がずっと続いていると気付き、四代将軍家綱の時代に『聖教要録』を発表した。

当時幕府は、朱子学以外の学問を禁止していたので素行は赤穂に流刑された。

だが赤穂には藩主を始め家老の大石良雄らの弟子達が多く、十年間で多くの本を書き、その代表作が『中朝事実』である。

ご存知、山鹿流の陣太鼓で有名な元禄十五年十二月十四日の四十七士の討入は山鹿素行の思想の表れである。

そして二百年後、山鹿流の兵学が家業である吉田松陰が継ぎ、その松蔭が叔父より引継いだ松下村塾で、久阪玄瑞、高杉晋作、伊藤博文など尊王攘夷運動の志士を出した。

吉田松陰と縁続きの乃木希典が学習院の院長として、命を懸けて皇室関係の子弟を教育した。

そして乃木将軍が大正元年九月十三日の殉死の三日前に、少年の昭和天皇を尋ねられ「この本は必ずお読みになるように」と、『中朝事実』をお渡しになられた。

そして東宮御学問所で倫理道徳の御講義を申し上げた、杉浦重剛も山鹿流を受け継いでいる。

さて「日本とは　神代の昔より　万世一系の天皇が領治坐す《しろしめしま》国家」である。

人體の背骨の中の中枢神経の脳脊髄、そして国體の中枢の神髄の万世一系の皇道が危機となった昭和二十年の八月の敗戦では、日本の日本たる国体の護持が最大の問題であったが、時の総理鈴木貫太郎が、大切な祭りは陛下自らの手でご奉仕なされるから、必ず神は守り給うと力強く申されたと聞く。

そして論語、中朝事実の教育を受けられた昭和天皇は、無私無心のお立場で終戦のみことのりを申され、その心でマッカーサーとお会いし、マッカーサーをして「神をみた」と言わしめた万世一系の「今上」として、国体のみならず国民をお救いになられたのである。

山鹿素行の『中朝事実』の中朝とは、孔子が世界の中心は、我が国なりと「中国」と言うが、歴史の事実は、朝廷を中心とした日本こそ世界の中心なりと『中朝事実』とした様に、すでに達観した聖人孔子は「この乱れた人心の中国では私のお教えは施行出来ない、東方の九夷《きゅうい》（日本）の君子の国こそ、私のお教えは広まるであろう」と、論語子痼《しかん》第九に書いてある。

この稿の締めに

明治天皇御製

我が国は　神の末なる神まつる

昔の手ぶり忘るなよゆめ

八田知紀

幾そ度　かき濁しても澄みかへる
　水や御国のすがたなるらん

我が愚作

日の本は　道の国なり　天照らす
光によりて　道は通ずる

［四七］死生観

突然の友の死に驚き悲しむ人多けれど、朝目覚めた自分に感謝する人少なし。

人生はシナリオのないドラマにして、時の流れはビックリ箱、何が出るか。

明日ありと、思う心のあだ桜
　夜半に嵐の吹かぬものかは

武道哲学を学ぶ素晴らしい「道」のこの季刊誌に私の連載を一旦終了させて戴きたいとの死の宣告はまさににビックリ箱、一瞬死生観が閃いた。

誰もがいづれかの明日必ず死ぬことから「武士道とは明日死ぬことと見つけたり」の死生観に立って今日一日、今日一日を価値高く生きることを説きながら、こと改めて死生観に氣づかせて戴き感謝感謝である。

大切な事は何度も〝しつづける〟ことを躾教育と言い、体で覚えろ骨《こつ》を知れとも言うが、「我が体　我がものにして我がものに非ず　死して屍拾うものなし」大江戸捜査網の言葉がいつの間にか脳に残り、今でも時々顔を出し、〝そうだ身体は神体で神からの借りもので夜約七時間、持ち主が修理に掃除、エネルギーを入れてまた貸してくれる、全てが使用権だ〃と氣づかせてくれる。

合氣道の前、後の受身の姿は胎児の姿、勾玉の形、または霊魂の丸い姿勢でもある。

人は永遠の霊魂が心と体を道具としてこの地球を神人和楽の地球一家のために、それぞれの使命をもって生まれたのである。

人は生まれ変わり死に変わりする故に、人が死ぬと胎児の姿態、霊魂の姿で土葬した。

今は永遠にお休み下さいの寝棺であるから人生は一回限りの人の夢の儚い人生である。

私は始めて寝棺を見、その上、観音開きの〃覗き窓〃まであるあの世逝きの寝台車を前にリハーサルにと、大反対を押し切って入り、互いに覗き窓から会話し、ふと誰もが裸で生まれ裸で逝く、それなのに人は名誉だ、地位だ財産だと、金や物に使われて悩むと

　棺桶の中より人を眺むれば
　　おかしかるらむ　おかしかるらん

と書き残した。

そして翌年の年賀状に、人の夢の「儚《はかない》」と書きこの歌も書いて出したら、多くの人から正月早々縁起でもないとお叱りを受けた。

あれから約五十年、大半の方々は仏の国に旅立ち、あの世はいい所なのか誰もが戻ってこない。

儚いと書いた私は〃墓ない〃からか、まだ生きており、然もフランス政府文化庁の招聘により神道

教授として二度も渡仏して帰ってきたから、三度蘇生したことになる。

神道を外国に広めるのは私が初めてと聞き、神の国から仏の国へ逝くに際し

武士《もののふ》のたばさむ太刀の秋津島
鍔鳴りすれば　世界震わむ

今から三十二年前の四十八歳の辞世の句でもある。

私は武道家であって神道家ではない、然し初代天皇を神武天皇と申し上げるように、日本は神武一道である、そのままで行け、必ず君の後のもう一人のお前が助けてくれる、と。天皇家を陰で守る山蔭神道の山蔭基央管長の言葉ですべて無の心で渡仏した。

武道家でも具体的には〝合氣道〟である。

合氣道は植芝盛平翁開祖にして、古事記を始め日本の歴史を繙とき、幾多な修行から〝合氣〟との神命を受け、命はすべて陰陽結びにありと、夫婦和合の宇宙法則の武道的表現の合氣道を創始され、美しく投げ、美しく受ける和の武道として世界に弘まった。

生か死かの武術には試し合いの試合はできない、殺し合いの死合いである。

その勝負の結果は、勝った者に残るは敵ばかり、負けた者に残るは遺恨ばかりで、争いが争いを生み際限がない。

スポーツの世界の試合の後も、大喧嘩になった例がある如くである。

今何時何分何秒とは絶対言えないように、この世は一瞬々々変化の中にあり、一瞬に命を懸ける武術の歌に

今の世は、今と言うまに　今はなし
　まの字来たれば　いの字すぎゆく

の道歌から「神道は心道なり」と書き、人は皆、現在ただ今の今、今、今に生き、かつ神の道の神経によって直接生かされ、死とは神経がストップすることである、しかもその神経は人の心の状態に即座に反応し、広くなったり狭くなったり時には気絶からショック死となる。

故に心は如何なる時も、また如何なる場合にも驚いても悩んでも間に合わないと肚を据え、明るく朗らかに生き生きと勇ましく積極的思考を堅持することである。

回顧するに、自然には善悪も正邪も上下もない、すべて人の心が決める。

その心は額にありて金額の額で、金カンジョウと心のカンジョウの姿勢と間合いによって幸、不幸となる、故に

人と人、国と国との争いも
　全て感情のもつれから始まる。

この言葉と「神道は心道なり」は神道の国際化に通ずると、通訳に高く評価され、今でも武道の極意「姿勢と間合」と共に、私自身が通用している。

また幸福を求めても永遠に幸福は来ない。それは明日は永遠に来ないと同じで寝て起きると今日であるように今が幸福、今が幸せと心に言い聞かせると幸福になる。神社の中心に人の心を表す鏡があり、この鏡の中にいる我に対する自霊拝という行法は秘中の秘ともいう行で、今が幸せと言うことと同じであり、心に悪い感情や悩みが生じたら、鏡の中の自己に、何を怒り悩むかと客観的に自己を見る行でもある。

鏡の中の自己を客観的に見る如く、神道教授としてフランスから日本を客観的に観るに、日本は神国である、太陽を中心とした太陽系の中の地球、その中の日本は、何と神代の時代から、太陽神の天照大神を祖とする天皇を中心とする中心帰一で〝中心を立て分を明らかにして中心に結ぶ〟菊のご紋は、宇宙構図で万世一系の国体も臍を中心の人体も太陽系も、中心があって安定しそれがより大きな中心に統一され、それぞれの中心をめぐって平安を保っている。

思えば今から千四百年前、国体の安寧を祈り聖徳太子は十七条憲法を制定し

「和を以って貴しと為し　逆ふことなきを宗と為せ」を国是とし「人みな心あり、心おのおの執れるところあり、彼れ是なれば則ち我れ非なり、我れ是なれば即ち彼れ非なり。我れ必ずしも聖にあらず、彼れ必ずしも愚にあらず、共にこれ凡夫なるのみ」と。

以来明治まで千二百年、十七条憲法の和を以って貴しと為せの国是により万世一系の国体が保たれてきた。

その間国難の蒙古来襲に際しては、鎌倉男子ここにありとの武士達の奮戦と二度にわたる国難に神風か暴風雨で助けられた。

また日本武士道の源流の楠木正成、正行父子は中心の天皇を守ることが正義とする「忠君愛国」の思想が日本歴史を貫き、中心帰一の国体が守られてきた。

そして「人みな心あり、心おのおの執れるところなり」の十七条憲法から、敵も味方も同じ正義の為の心であり、勝敗の結果は敵と遺恨が残るのみと、楠木正行は戦いの最中も敵兵の命を救った美談が武士道精神として、日露戦争中も、大東亜戦争中も〝敵兵を救助せよ〟との実話が多くあり、日本即サムライのアイデンティティとして外国人は高く評価した。

そして未曾有の敗戦に際し、昭和天皇が、敗戦とは遺恨が残るとして「みことのり」の「終戦の詔書」となされた。

代々の天皇は常に世界平和と国家の安泰そして国民一人ひとりの幸せを祈られている。その天皇の心が数多い「みことのり」に表れている。

国と親あっての我れ故に、国に忠、親に孝が教育の根幹であり、社会は人との縁にありと、人が二人の「仁」とで「忠孝仁義」の思想が日本の国柄で、思は忠孝、想は相手の心と書き想いやりの心「和」の国是である。

宇宙構図の菊のご紋の神国日本の使命は、神人和楽の地球一家の雛形の道義国家建設が政治の目的なりと強く申し上げ〝日の本に人と生まれて何を学び何をなし何を残して逝くか〟が死生観なりとのひと言をもって完とする。

佐々木の将人

ささきの　まさんど

一九二九年～二〇一三年。山形県生まれ。中央大学経済学部、同法学部専攻科卒業。合氣道開祖・植芝盛平翁と出会う。武道と人間の修行に打ち込み、合氣道師範となる。その間、人生の道を求め、滝行、坐禅、「一九会」等の修行に励み、人生の師、中村天風先生と巡り合い師事する。縁あって山蔭基央先生と結ばれ、山蔭神道の神官となり、上福岡斎宮宮司をつとめる。

一九七七年、フランス政府より招かれパリの「人間性回復道場」の神道教授として渡仏。

一九八三年に神官として東京ディズニーランドを祓う。

日本文化と人の道を説く「佐々木説法」で全国を奔走した。

号は乾舟《けんしゅう》。

自ら旗本退屈男と名乗る神出鬼没の宇宙人の道友・弘観道 48 世の白峰聖鵬氏が
つけた戒名「孝謙院殿天風合気神明大居士」の位牌を前に
（季刊『道』147 号インタビューにて　2005 年 11 月 15 日）

佐々木説法　なるほど

季刊『道』シリーズ

2017年3月13日　初版第1刷発行
2017年5月11日　　　第2刷発行

著　者　佐々木の将人

定　価　本体価格 1,700円＋税
発行者　渕上郁子
発行所　株式会社 どう出版（旧 合気ニュース）
〒252-0313　神奈川県相模原市南区松が枝町14-17-103
電話　042-748-2423（営業）　042-748-1240（編集）
http://www.dou-shuppan.com
印刷所　株式会社シナノパブリッシングプレス

ISBN978-4-904464-79-3